# 小さな工夫で
# 毎日が気持ちいい、
# ためない暮らし

梶ヶ谷陽子 Yoko Kajigaya

マイナビ

日々の暮らしを整える。
自分の気持ちを整える。

# 暮らしの中にある小さなヒントを見つけて

「ためない暮らし」という言葉を聞いて、何を想像しますか？

私がはじめに想像したのは「もの」以外のことです。確かにものをためずに日々過ごすことができれば、暮らしが整って快適になるかもしれません。ですが、一番大切なことは「ものをためない」ということだけではなく「ためない」につながる考え方や仕組み、そして、気持ちの持ち方ではないかなと思いました。

この本では日々忙しく生活する中で、私を含めて多くの方がため込みがちな「もの」や「こと」を、私自身はどのように考え、どのような工夫でためないようにしているかをご紹介しています。私もこれまで結婚・出産・転職、家族のライフスタイルの変化などにより、そのときどきで問題に直面し、失敗もしてきました。「ためない暮らし」を望んでいるけれど、実際はなかなか難しいことのように思っていました。ですが、整理収納を学び、少しずつ暮らしを整える中で、私なりの、そして我が家なりの「ためない仕組み」ができてきたように思います。

はじめに言ってしまうと「こうすれば絶対にたまらない！」という魔法のような答えはありません。ですが、生活の中にある「ほんのちょっとしたこと」が、実は「ためない暮らし」につながるということを自分の生活や経験から見つけてきました。この本を手に取ってくださったみなさんの毎日に、実はたくさんの「ためないヒント」があることに気づいていただけたら幸いです。

CONTENTS

CONTENTS

※掲載されている情報は、底本の発売時(2017年3月)のものです。
※掲載されている商品は、すべて私物であり、どこで購入したかを記載しているものでも、現在手に入らない場合があります。

# 家事や仕事をためない

家事も仕事も毎日のことなので、なるべくためずにその日のうちにすませるのが理想です。そうはいっても「やらなければいけない」と思い過ぎると、常に家事や仕事に追われ、自分にとってすべてが「しんどいこと」になってしまいます。

そこで私が大切にしているのは、優先順位を明確にすること。今、やるべきことをして、できないことはやらない、そして「完璧にこなす」という考えを手放すことです。「やらなくてもいい」「これだけでいい」と思うようになると、それだけで心に余裕を持てるようになります。また同じやるなら、いかに楽しく、効率よくできるか工夫すると、どんどん家事がラクになりました。大人も子どもも簡単に、毎日無理なく続けられるやり方なら、片づけや掃除を面倒に思うこともなく、暮らしはとても快適です。小さな工夫の積み重ねをすることが日々の生活を笑顔に変えてくれています。

# 不要なものをためない

我が家には、管理しきれずにほったらかしになっているものがほとんどありません。整理収納の仕事を始めて、どんなものも必ず「使われるため」の役割があると実感できたことで、ものとの関わり方が変わりました。そして、本来の役割を果たせていないものが不用品へと変わり、家の中を散らかしていくことにも気づきました。

それからは安易にものを増やさないように、買う前によく検討し、自分が管理できる量だけ持つことを意識しています。手紙や書類など、日々家に入ってくるものはすぐに仕分け、不要なものがたまらない仕組みをつくりました。

心から気に入ったものを選ぶようにすれば、ものに対しても「親友」のような気持ちが湧き、大切に扱うようになります。不要なものを手放すことは、家族みんなが心地よいと感じられる空間づくりの基本。ものとのつき合い方を見直すよいきっかけだと感じます。

# ストレスをためない

私は家族のストレスを感じるたびに意見を聞き、原因を考えて、イライラを改善する収納に変えたり、暮らしを見直したりするようにしています。気づいたときに対応すれば、ストレスを抱えたまま生活することを防げるからです。

私自身もストレスを感じたときは「何に対してなのか」を考えるようにしています。そして今悩むべきではないことは手放し、ストレスをためないようにしています。「要・不要を見極める」という整理収納で学んだ考え方は、心の整理にも役立っています。悩んでいた時間を、自分をリセットする時間として使うようになれたのは整理収納のおかげです。

私が大切だと思うのは、主婦や母親にも息抜きが必要だということ。その時間があるからがんばれることもあり、うまくいくこともあるからです。ストレスは目に見えないものだけれど、一番手放すべきものだと思っています。

Down Sinker
Body HOOK

# 我が家の
# プロフィール

MY HOME PROFILE

FAMILY DATA

| | |
|---|---|
| 家族構成 | 主人・私・長女(8歳)・長男(3歳)の4人暮らし |
| 住居形態 | 築6年の戸建て |
| 間取り | 3LDK |

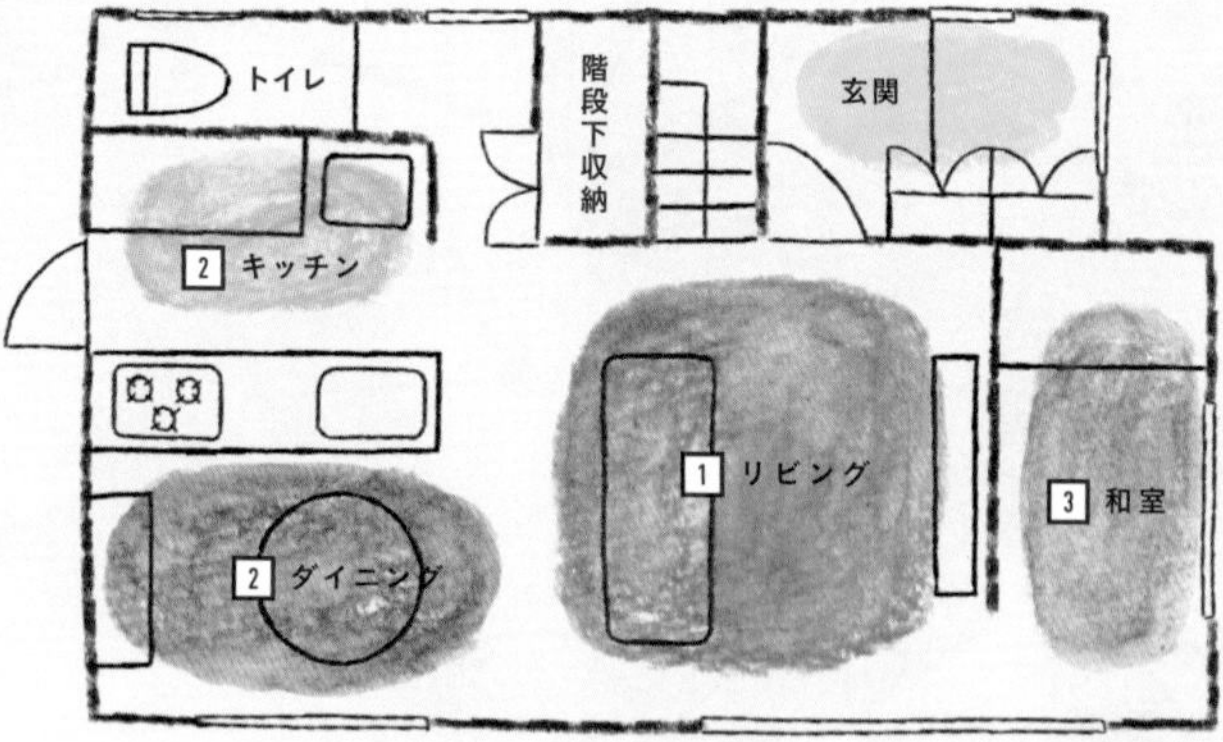


LAYOUT OF THE HOUSE | 1F

1 リビング

2 キッチン&ダイニング

3 和室

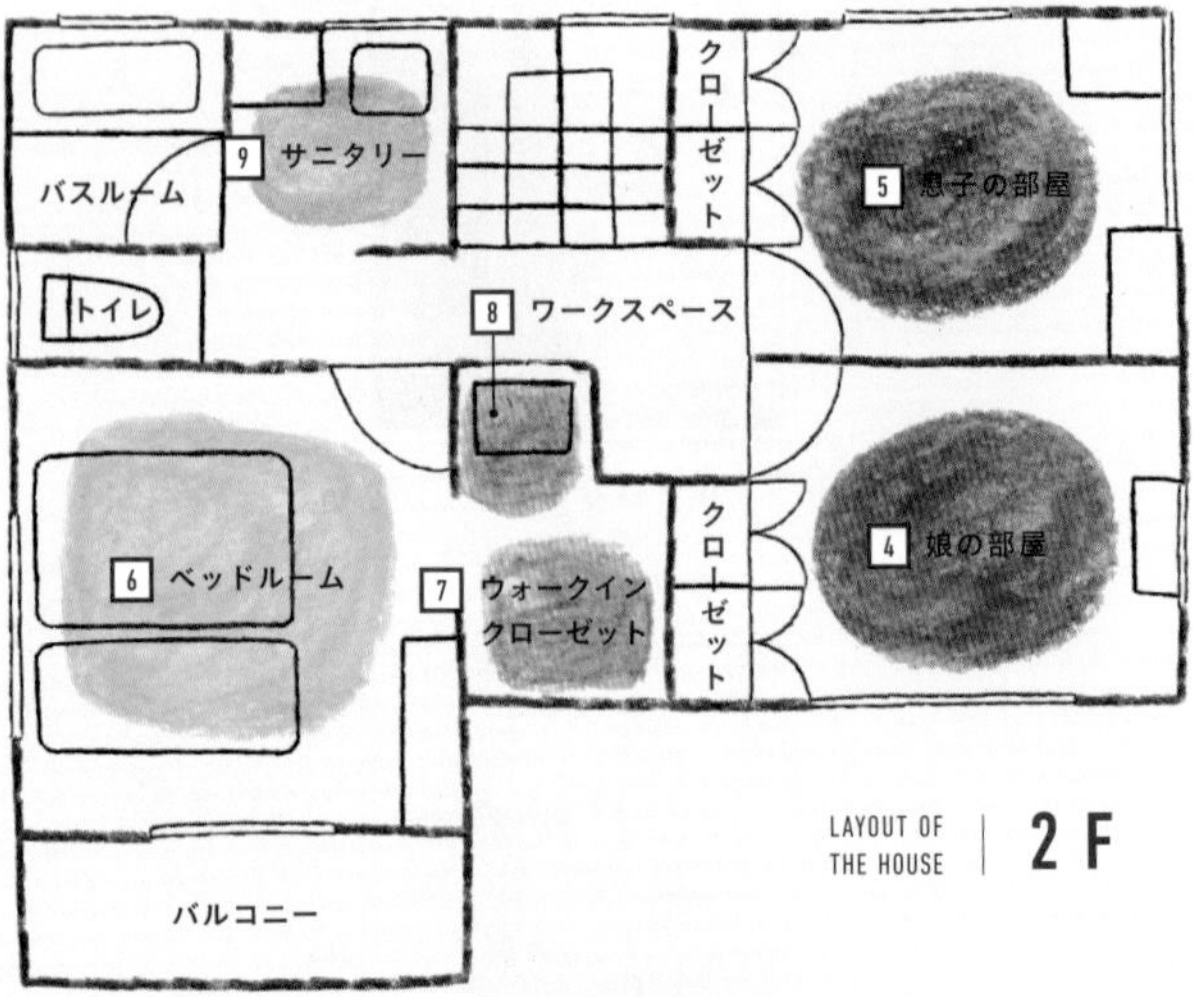


LAYOUT OF THE HOUSE | 2F

5 息子の部屋

4 娘の部屋

7 ウォークインクローゼット

6 ベッドルーム

9 サニタリー

8 ワークスペース

PART - 1

# ためない暮らしをつくる毎日の習慣

FOR MY SIMPLE LIFE

自分と家族が無理せずできる仕組みをつくれば、毎日の掃除や片づけなどの家事はもっとラクに楽しくなります。小さな工夫を重ねることで生まれた、我が家のためない習慣を紹介します。

# 家事、育児、仕事に追われない暮らしの時間割

掃除、洗濯、育児に仕事。一日は本当にあっという間で、めまぐるしく過ぎていきますが、どんなときも何を最優先すべきかを考えたら、忙しくても毎日を楽しめるように。

私はフリーランスで働いているので、働く時間や仕事内容もその日によって違います。仕事を持ちながらも娘が学校から帰る時間に家で「おかえり」と言える働き方をしたいというのが転職のきっかけでもありました。今やっと、自分の時間を持ちながら、バランスよく時間をやりくりできるようになりました。

私は面倒くさがりなので、いかに効率よく、ラクに家事をこなせるかをいつも考えます。その結果、朝に慌てたり、散らかしっぱなしにすることもなく、家族が快適に過ごせる家をキープできるようになりました。今日も明日も笑顔でいられるように、がんばらなくても、考えなくても続けていける、暮らしの仕組みができているのかなと感じています。

DAILY SCHEDULE

# 家事をためない一日の時間割

ある一日を振り返り、ためない暮らしの工夫と時間の使い方を紹介します。

06:00 — 起床・洗濯

07:00 — 朝食・長女の登校見送り・朝のリセット
身じたくを整える

08:00 — お出かけ前のリセット・息子と登園・掃除

09:00 — カフェで仕事・昼食

15:00 — 洗濯物の取り込み・娘の帰宅

16:00 — 仕事

17:00 — 息子のお迎え・買い物

18:00 — 夕食作り

19:00 — 夕食・夕食の片づけ

20:00 — お風呂

21:00 — 夜のリセット・子どもたちの就寝

22:00 — 仕事

01:00 — 就寝

06:00

# 顔を洗うついでに洗濯スタート

私の一日は洗面所で顔を洗うことからスタートします。そして顔を洗うついでに、洗濯機のスタートボタンを押すのも毎朝の習慣です。

仕事柄、日によってスケジュールは違うのですが、部分的に切り取ってみると、必ず朝は同じようにしています。

我が家の場合は、顔を洗うのも洗濯機を回すのも、2階にある洗面所です。だから、顔を洗うついでに洗濯をスタートさせてしまえば、なにかと慌ただしい朝に何度も洗面所に足を運ばずにすみます。

日々忙しい中で、自分自身の行動や動線を知り、ついでに家事を組み込むことが、毎日の暮らしを効率よくすることにつながっています。

06:00

# 「使う」と「掃除」はセットに

顔を洗うついでにもうひとつすることがあります。それは洗面台の拭き掃除です。使ったついでに掃除をしていれば、大きな汚れをためることなく、結果、面倒なガッツリ掃除をしなくてすむので、どの場所でも実践しています。

私自身は本当に面倒くさがりでズボラです。だからこそ、わざわざ大掃除をするほうが面倒で、「使う」と「掃除」をセットにすることを考えました。これが私に一番合った掃除法なので、今では掃除を面倒に感じることもなくなりました。

鏡の汚れに気づいたときは、洗面台に置いてあるティッシュでサッとひと拭き。これで次の人が気持ちよく使えます。

洗面台も基本はティッシュ。ガンコな汚れの場合は、メラミンスポンジを使います。そのまま捨てられるのがよいところ。

## 06:30

# しまうときがラクになる洗濯干しのルール

私は家事の中でも洗濯物を干す作業がとても好きです。それは、しまうときを考えて、いかに効率よく干せるか、というミッションをクリアするゲームのような感覚で干しているからかもしれません。

ですが、私は干すのは好きだけれど、畳む作業があまり好きではありません。不思議なもので、好きではないと感じる作業には時間がかかってしまうのです。そこで、クローゼットで使用しているハンガーを洗濯兼用のものに替え、ほとんどの衣類を「かける収納」に変更しました。

そして始めは人別に干すだけだった洗濯物をアイテム別にすることで、もっと効率よくしまえることに気づき、人別、さらにアイテム別、そしてアイロンがけするものをまとめる今のスタイルに辿り着きました。

1

折り畳み式のメッシュのかごを取り出して広げ、洗濯物を入れて、洗面所からベランダに続く寝室に運びます。

2

シャツは無印良品のアルミ製のハンガーにかけます。子ども用は素材の異なるハンガーを使用。

3

子ども用のハンガーは、子どもが扱いやすいポリプロピレン製。ハンガーにかけた洗濯物は人別に分けながら、いったん腕にかけます。

## 4

物干し竿にかけるときは、人別に分け、さらに肌着、トップス、ボトムスのようにアイテム順にかけるのがポイント。

## 5

角型ハンガーも人別、アイテム別のルールは同じ。ハンカチなどアイロンがけが必要なものは、さらにまとめて近くに干します。

## 6

2本の物干し竿は外側が大人、手前を子どもと分けて。定位置に干すことで毎日の作業効率も上がります。

07:00

# 子どもの身じたくは前日準備で慌てない

小学校入学をきっかけに、娘が準備などを面倒に感じない仕組みづくりを心がけました。まず宿題をする場所の近くにランドセルや教科書の収納スペースをつくりました。そうすると、宿題と翌日の準備が1か所ですみます。そして入浴時は、クローゼットから着替えを用意するので、ついでに翌日の洋服コーディネートができるように、洋服をまとめるかごを用意。今では娘の中で「宿題と翌日準備」、「入浴準備と翌日の洋服コーディネート」はそれぞれセットになって身に付いているようです。

ランドセルの収納は宿題をするダイニングの棚に。宿題がすんだら、次の日の時間割を揃えて戻すだけ、これも娘の習慣です。

娘が着替えるのは1階のリビングなので、持ち運びに便利なかごを使用。着替えたパジャマをここに入れ、2階へ戻します。

07:00

# 朝食準備はセット収納で時短に

朝食のしたくは2か所の扉を開けるだけでできるようにしています。朝食はパンなので、棚にトースターとパン、やかんとコーヒーをセットにして収納し、必要なものがすぐに揃うようにしています。そして冷蔵庫の扉を開けてトレーごとパンセットをテーブルへ。パンに塗るものは好きなものを選べるように、バターとジャム2種類をトレーにまとめ、バターはナイフも一緒に収納して、わざわざ取りにいく手間をなくしています。ジャムはガラス瓶のままだと子どもが扱いづらいため、プラスチックの持ち手があるふた付きコップに入れました。より使いやすく、を考えた小さな工夫で、家族みんなの朝の時間に余裕が生まれます。

朝食の準備はサッとできるのが理想。1か所にまとめると必要なものが考えずに揃うだけでなくムダな動きもありません。

ジャムのガラス瓶など、回すタイプのふたは開けにくいため、パカッと開けられるものに。

# 家事効率がアップするセット収納を公開

使いたいときにすべてが揃っていると、スタートがスムーズで快適です。
そのためにも暮らしのシーンに合わせたセット収納がおすすめ。

## 麺セット

子どもたちも好きな麺類は、冷蔵庫に常備しておくと休日のお昼ご飯や忙しいときなどに便利。具も一緒にケースに入れておくと、作るときだけでなくここを見るだけで在庫管理もできて一石二鳥。

## お菓子作りセット

子どもたちとのお菓子作りで、作りたいときに材料が揃っていないとモチベーションが下がりますよね。また、製菓材料は1回で使い切れないものも多いので、セットにしておくのがおすすめです。

## 外遊びセット

外に置き場がなかったり、部屋に入れるには汚れていたりで、意外と置き場に困る外遊びの道具。我が家では汚してもすぐに洗える無印良品のプラスチックボックスに入れて靴箱にしまっています。

## ドライヤーセット

ドライヤーとヘアブラシはセットにして無印良品のプラスチックボックスへ。洗面所にあるシェルフの引き出しに入れているため、上からも見える内側と外側の２か所にラベルを貼っています。

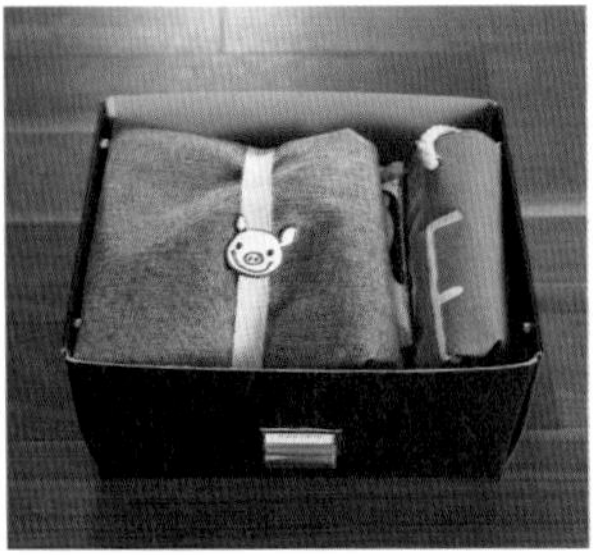

## レジャーセット

休日や運動会などの行事に欠かせないレジャーグッズ。ボックスに小さな椅子、レジャーシート、持ち運び用のバッグをまとめて。外で使うものは、靴箱に置くと出し入れや管理がラクです。

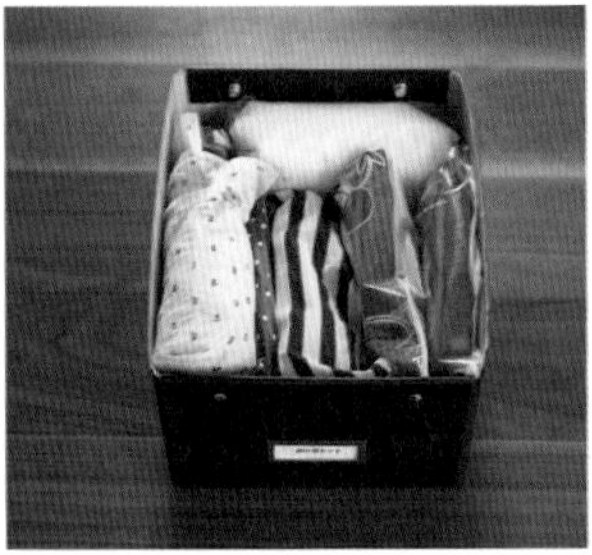

## 雨の日セット

折りたたみ傘や子ども用のレインコートなども一緒にしてボックスへ。玄関に置いてあるので、雨が心配な日に子どもに持たせたり、外出前にわざわざ取りに戻ったりすることもないので便利です。

## 洗濯セット

洗濯に使うものは、かごや角ハンガー、大人用、子ども用のハンガーと形もさまざま。そこで、すべてが収まる無印良品のバスケットにひとまとめにすることに。出しっぱなしも防げます。

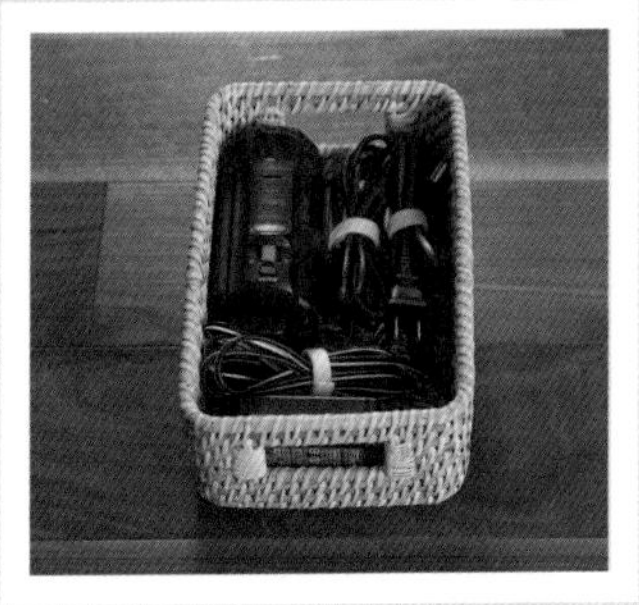

## ビデオカメラセット

充電器やテレビとつなぐためのコードなど、付属品が多いビデオもセット収納に。テレビボードに入れておけば、観たいときにすぐテレビとつないで、楽しい思い出を振り返ることができます。

1

07:30

# 寝室を心地よく整える、朝のリセット

私は毎朝ベッドメイキングをします。乱れた布団を見るたびに気持ちが落ち込んだり、ため息が出てしまうからです。以前は「何で毎朝、私がベッドメイキングをしなければいけないの！」と家族に対してイライラしている自分がいました。

ある日主人と娘に「こんなにグチャグチャで気にならないの？」と聞きました。するとふたりからは「どうせ毎日グチャッとなるし、全然気にならない」という返事が。それを聞き、家族のためだと思ってやっていたことが、実は自分のためだったと気づいたのです。それからは、布団を直さないふたりに対して怒る気持ちはなくなりました。これは自分のイライラをなくすためにやっていることだと、気持ちに折り合いがついたからです。

1

家族４人が一緒の寝室。私と子どもたちは同じベッドを使うので、朝はいつもかけ布団がこの状態に。

2

かけ布団をきれいにのばして、ふんわりとかけ直します。カバー類は清潔感のある白がお気に入り。

3

子どもたちの朝の着替えはリビングで。パジャマを毎日洗わない季節はかごに入れて寝室に運びます。

4

パジャマを畳んで、朝のリセット完了。定位置を決めればぬぎっぱなしを防止できます。

1

07:30

# 使いやすい収納で洋服選びを楽しむ

洋服選びは、その日の予定に合わせてコーディネートします。整理収納作業なら動きやすく、講師業や打ち合わせはカッチリしつつも柔らかいイメージになるように。そして子どもと過ごす日や趣味のバス釣りには丸洗いできるものなど、それぞれの目的に合った洋服を選んでいます。

毎朝クローゼットの前に立って洋服を選ぶ瞬間がとても好きです。ハンガーだけでなく、引き出しの中も1着1着が見やすく取り出しやすい収納にしたおかげで、好きな洋服と向き合える時間が楽しくなりました。

仕事で早朝から出かける日や、アイロンがけが必要な服は前日から準備して、寝室にかけておきます。

ハンガーにかけた洋服は目的とアイテムでカテゴリー分けをして並べています。

ジーンズは１本ずつわかるように立てて収納。

ボトムスと靴下。靴下は布ケースで仕切って収納。

08:00

# 出かける前のリセットで帰宅後にゆとりを

私は外出前に必ず部屋のリセットをすることにしています。その理由は、疲れて帰宅したときにゆっくりくつろぎたいということや、散らかった部屋を見てさらに疲れた気持ちになるのを防ぐためです。

リセットはとても簡単で、子どもを見送った後に、朝食の食器を洗って拭いて、元の場所に戻すことと、食器を洗ったついでにシンク周りを簡単に掃除すること、そしてキッチン台とダイニングテーブルをざっと拭くこと。これだけで帰宅したときの心地よさがまったく違います。

1

食器を洗うのとシンクを洗うのはセット。食器は拭いて食器棚に戻し、シンクは何もない状態に。

2

毎日使う食器は、シンクから振り返って手の届く場所を定位置に。一歩も動かず洗って戻せます。

3

キッチンワイプでテーブルとランチョンマットを拭いて。ついでにキッチン台もサッと拭いて完了。

08:00

# 2階に上がったついでに掃除機がけ

我が家には掃除機が2台あります。1階にある掃除機はコード付き、2階はコードレスで、寝室のクローゼット近くに立てて出しっぱなし収納にしています。

1階は家族が長く過ごす場所であり、来客もあるので、音が静かで吸引力もある掃除機にしました。

2階は1階とは違い、寝室や子ども部屋、洗面所、トイレなど、あらゆる場所に移動しながら使うため、動きやすさを重視したコードレスの掃除機を選びました。

私は子どもたちを見送った後、2階に上がったついでに各部屋の掃除機がけをします。そのついでに階段にも掃除機をかけてしまいます。場所と使い方に合わせて2台の掃除機を置くことで、日々の掃除をラクに続けられています。

08:00

# 掃除機は気づいたときにサッとかける

掃除機がけは「毎日必ず行う」とは決めていません。そして「何時にかける」というのも決めていません。私は面倒くさがりでズボラなので、「気づいたときがやるとき」というスタイルです。

朝、子どもたちが朝食をすませたダイニングは、パンくずが散らかっていることが多いので、それが目に入ったときは掃除機をかけます。珍しく食べこぼしもなく、今日はきれいだな、という日は、特に掃除機をかけることもありません。

「毎日かけるべき」と思うと、日々の家事が義務のように感じられて負担になるので、私は自分自身の性格に合わせたルールで掃除機がけをするようにしています。

09:00

## 家族の動線を優先したかばん置き場

家族が毎日使うかばんは、一人ひとりの行動と動線をしっかり考えて置き場を決めました。主人の通勤かばんはリビングに持ち込む必要はないので、帰宅後にすぐ置ける玄関の靴箱に。娘の場合は、ダイニングテーブルで宿題と翌日の準備をするので、一番近いシェルフの、娘がもっとも出し入れしやすい高さの棚をランドセル置き場に。息子の通園バッグは、毎朝持っていくタオルを入れやすいようにクローゼット近くにかごを用意。そして私は、外出先によってバッグを替えることがあるので、よく使用するバッグだけを厳選して和室の押し入れに置いています。家族の動線に合わせたことで、かばんの出しっぱなしはありません。

息子／子ども部屋

主人／玄関

私／和室

娘／ダイニング

09:00

# 仕事に集中したい日はカフェへ

自宅での撮影や打ち合わせがなく、原稿を書いたり、資料を作成するときは、なるべく外で仕事をするようにしています。家にいると、どうしても「ついでに家事しちゃうかな」という気持ちになったり、逆に息抜きの時間が長くなってしまうからです。主婦であり母親でいる自分と、働いている自分をしっかり分けて動くことが、仕事効率を上げてくれることにもつながっています。不思議なことに、お気に入りのカフェで大好きなコーヒーを飲みながら仕事をすると、自宅にいるときとはまったく違うスピードで仕事をこなせる自分がいます。それはきっと自宅から離れることで頭の中が仕事モードに切り替わっているからだと思います。

10:00

# スケジュールは書いて確認、スマホで共有

現在の仕事を始めてから、スケジュール管理の大切さをあらためて感じました。日によって時間も場所も、仕事内容もまったく違うからです。加えて期日までにつくり上げる作業や買い出しが必要な場合もあります。また、仕事だけでなく、子どもたちの行事もしっかり頭に入れながらスケジュールを組む必要があります。

最初は、携帯電話だけでスケジュール管理をしていました。ですが、充電切れで確認できないことが重なったので、手帳に書き込むようにしました。手帳は書きながら頭の中を整理できるので、私に合っていると感じています。携帯電話では子どもの行事や私の仕事の予定を主人と共有。この使い分けでスケジュール管理もスムーズになりました。

# 1か月のスケジュールはシールや付箋でわかりやすく

手帳はマンスリータイプを愛用。パッと見てすぐわかるように、色やマークで分けるのがポイント。

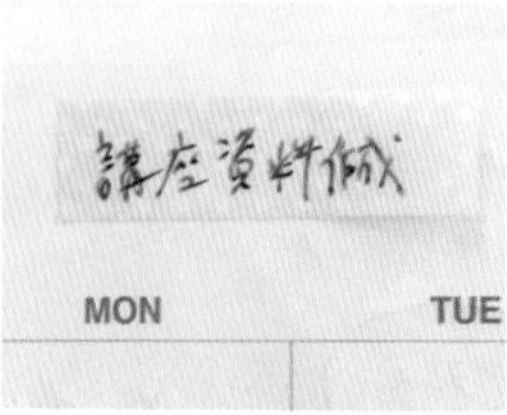

## 付箋

日付のマスに貼る付箋には、用事ごとに色を分けて時間を記入。欄外に貼るものはその月にやるべき仕事を記入し、終わったら処分しています。

## シール

シールをマーク代わりに活用して、書き込みを減らしています。子どもの用事は子どもシール、撮影はカメラのようにすぐに連想できるものを選択。

## 1週間のスケジュールはやることリストで管理

その週にやるべきことは、リストに書き出して管理します。いつまでにという期限をプラスすると、優先順位もわかって、同時に頭の中も整理されるのでおすすめです。

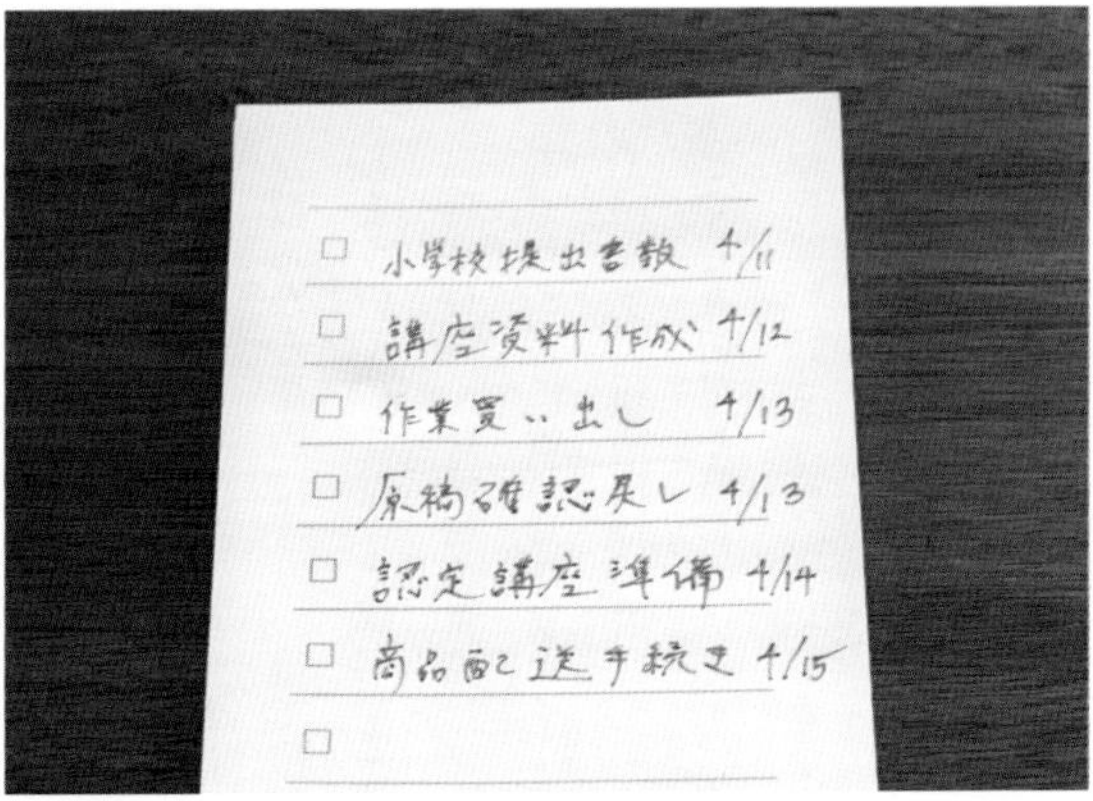

15:00

# 郵便物は一時置きせず、すぐに仕分ける

帰宅した際は、必ずポストを確認します。郵便物がある場合は、目を通しながらリビングに入り、すぐに仕分けて収納しています。郵便物は一時置きしてしまうと家が散らかる原因になり、後で整理するのも大変になってしまうので、仕分けと収納が同時にできる仕組みに。

自宅に届く郵便物の種類はあらかじめわかっていたので、サイズに合わせたファイルを用意し、収納法も変えています。郵便物は、項目を明確にして収納することがとても大切だと感じています。「保険」ではなく、「自動車保険」「生命保険」「学資保険」など、細かく分けることで迷わず収納できるだけでなく、必要なとき、すぐに取り出せるようになります。

## チラシ

不要なチラシはすぐに処分。玄関からダイニングへ行く途中のキッチンのゴミ箱へ。

↓

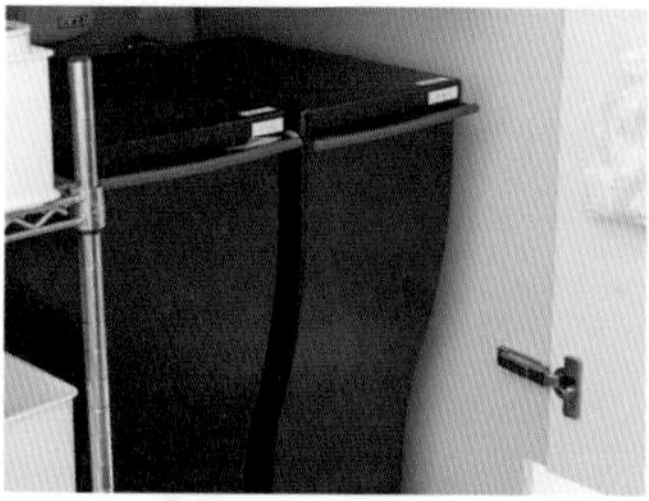

## ハガキサイズ

項目ごとにラベリングしたクリアケースを使用。ダイニングの棚の引き出しに立てて収納。

## 封書

封筒はすぐに処分し、書類はインデックス付きのファイルにはさんでボックスへ。

15:00

# 洗濯物は取り込みから収納までをセットに

洗濯物を取り込むときは、収納する場所ごとにまとめて取り込みます。私と主人のもの、アイロンがけをするものは寝室内のウォークインクローゼットへ。そして隣同士の娘と息子の部屋、寝室の3部屋を行ったり来たりしなくてすむように、ふたりのものは一緒に取り込んでクローゼットにしまっています。

干すときに人別・アイテム別にしているので、取り込みからしまうまでの手間はかなり省けるようになりました。以前は畳むのに時間を取られていましたが、洗濯兼用ハンガーでかける収納にしたことで、ほっとひと息つける時間ができました。自分自身の性格を知り、毎日のことだからこそ、いかに効率よく続けられるかを考えて辿り着いた今のスタイルが、今日も私を助けてくれます。

1

洗濯物の取り込みは人別に。ハンガーにかかっているものだけでなく、角ハンガーの小物も一緒に取り込みます。

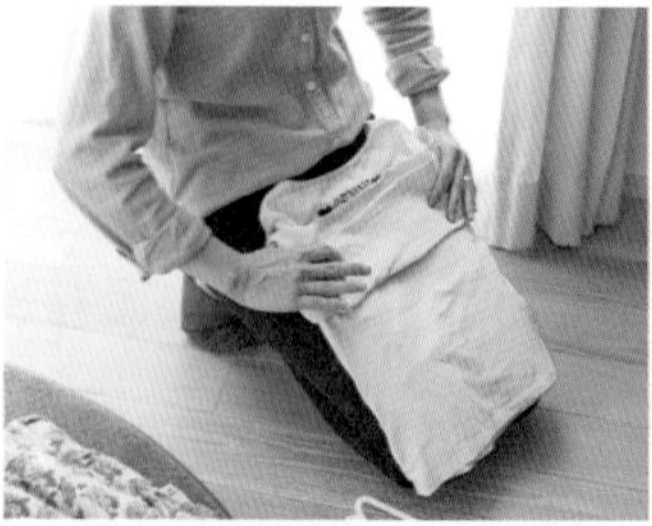

2

子どもの洗濯物をすべて取り込み、娘の部屋へ。その場で畳んで引き出しにしまいます。

3

続けて息子の部屋へ。ハンガーのままクローゼットのポールにかけて、靴下などを畳んで引き出しへ。

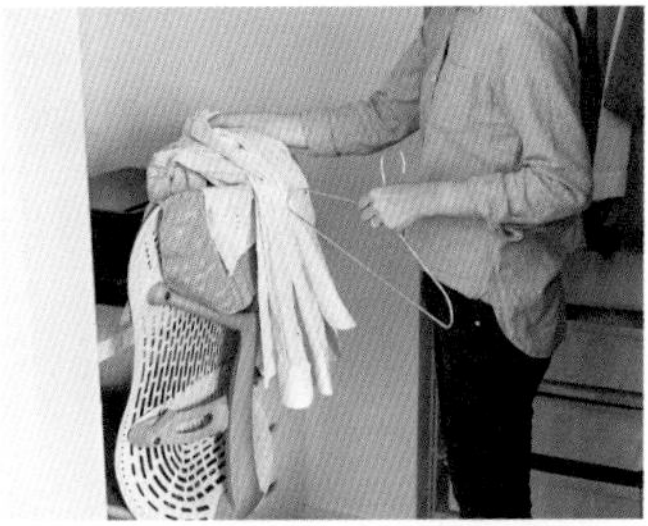

**4**

シャツやハンカチなど、アイロンをかけるものはクローゼットの椅子に一時置き。アイロンは週末など時間のあるときに一気にかけます。

**5**

すべての洗濯物を取り込んだら、ハンガー類をバスケットに戻し、クローゼットの定位置に洗濯セットを置いて完了。

15:00

# 子どもの個性に合わせた洋服収納

洗濯物をすべてハンガー干しに変更しようと思ったときに、娘に「全部かける収納にしていい？」と聞くと、「クローゼットの中がギュウギュウに見えるから、全部かけるのはイヤだ」と言われました。毎日のコーディネートを自分で決めているのでストレスを感じさせてしまうのはよくないと思い、娘の服は畳む収納を多く取り入れることにしています。

一方、息子は衣類を取り出すときに引き出しごと落としてしまったり、開け閉めがうまくいかず大騒ぎしていたので、すべてをかける収納にしました。手の届く場所に全部揃っているのがうれしいようで、毎日楽しそうにコーディネートをするように。その人に合った収納法が快適に過ごすことにつながるのだなと実感しています。

Tops
Bottoms

15:30

# 宅配便のダンボールは
# すぐにまとめて玄関に

我が家では宅配便を受け取ったら玄関で開けることにしています。というのも、開けるついでにダンボール箱の片づけをすませてしまいたいから。玄関には「郵便セット」として宅配便を出すときや受け取ったときに必要になるものを収納してあります。その中には、不要になったダンボール箱をまとめるためのひももあります。資源ゴミの回収日は週に1度だけなので、その日に慌ててするよりも、開けたついでにまとめて玄関に一時置きしておけば出し忘れを防ぐこともできます。

ひもやはさみ、ペンなど、必要なものはすべてこの箱に。文房具や道具は、目的に合わせて、使う場所ごとに用意しています。

不要なものはなるべく家に持ち込まないのもためない暮らしのポイント。一時置きは玄関など目につく場所に。

15:30

# お便りは「おかえり」の後、すぐに仕分ける

娘が小学生になって驚いたのは、プリント類を毎日持ち帰ってくることです。保護者に向けたお便り、行事ごとの出欠票、テスト、宿題のプリントと、想像していた量を遥かに超えていました。

毎日持ち帰ってくるものなので、必ず娘が帰宅してすぐにリビングで受け取ることにしています。そうすることで、見忘れや、提出忘れがなくなりますし、何よりもすぐにその場で分類して整理することができます。お便り類は一時置きをして「後で見よう」「後で片づけよう」と思いがちですが、そうしてしまうと結局、後々とても面倒になるので、娘にも協力してもらい、お互いにためない習慣をつけています。

## 返事が必要な手紙

もらったその場でスケジュールを確認して、提出するものはランドセル、家で保管する部分は、クリアファイルへ。「最優先は子ども」という基準があるので、迷わず判断しています。

## 大事なお知らせ

保護者向けのお知らせや一年を通じて保管したいプリントなどは、穴をあけてファイルへ。不要になったらビリッと引っぱって捨てられるので、入れ替えの手間もなく、たまることもありません。

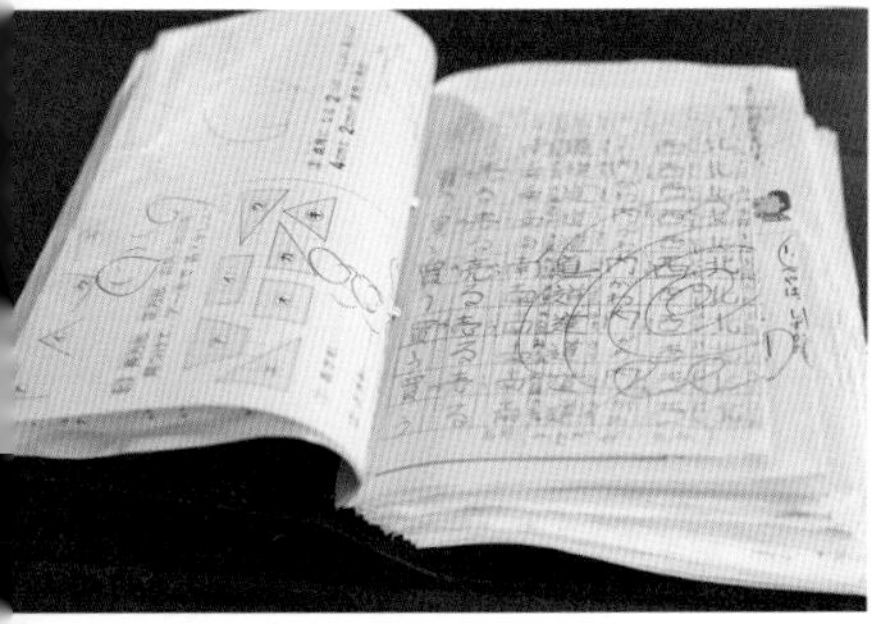

## 子どもの プリント

宿題やテストなど、子どものプリントは、娘に確認して残したいものだけをファイリングします。学年が変わるときには、ファイルを空にして、残すものだけを階段下の収納に移動させています。

17:00

# 買い物前の確認で買い過ぎ、買い忘れを防止

私は2日に1度は買い物に行くので、食材のストックは少ないほうだと思います。防災士の資格取得をきっかけに、もしものことを考えて多めに買うようになりましたが、それでも自分が管理できる量だけを持つというのはずっと変わっていません。

そして買い物の前には必ずメモを取り、買い忘れや買い過ぎを防いでいます。また、冷蔵庫や食器棚にある食品収納の写真を撮るようにもしています。写真があると今何がどれくらいあり、空きスペースはどれほどなのかひと目でわかるので、買い過ぎて入らなくなることもありません。私がこうした行動を必ずするのは別の理由もあります。確認をすることが、仕事から主婦モードへ変わるきっかけになり、うまく頭を切り替えられるのです。

UNA CHICA GUAPA
SOMOS COQUETAS.
たまねぎ とうふ トマト
にんじん 納豆 ほうれん草
じゃがいも フルーツ ヨーグルト
にんにく パプリカ
おかし

## 野 菜

冷蔵庫の中は分類ごとにかごやケースを使って収納しています。冷蔵保存の野菜はかごに入れて野菜室に。汚れたらかごだけ洗えばいいので、冷蔵庫掃除の手間が省けて、清潔にキープできるメリットも。

## 肉・魚

肉や魚は深さのあるケースに入れ、トレーを立てて収納しています。ポイントは消費期限がパッと見てわかるように、ラベルを上にすること。献立を考えたり、食材をムダなく使い切るのに役立っています。

## デザート

子どもたちがよく食べるデザートは我が家の常備品なので、専用のケースを用意しています。形がバラバラのヨーグルトやゼリーはケースを使うと、空間をムダにすることなく、すっきり収まります。

## 嗜好品

朝食やブレイクタイムなど、コーヒーが好きなので、一緒に使うコーヒーフレッシュも欠かさず冷蔵庫にストックしています。袋に消費期限があるものはシールに書いてケースに貼り、中身だけ収納します。

# ひと目でわかる収納で在庫管理もラクラク

生活用品もストックはなるべく持たず、常に管理できる量をキープしています。しまう場所を決めて、そこだけ確認すればよいので買い忘れもありません。

## ゴミ袋

キッチンに近い階段下収納に、ゴミ袋のストック用引き出しがあります。日々使うものなので、残量は把握しやすいのですが、立てて収納することでひと目でわかるようにしています。

## ティッシュペーパー

拭き掃除にも使っているティッシュは、部屋ごとに置いている必需品。家族が入れ替えするときもわかりやすいように、リビングのテレビボードにラベルを貼ってストックしています。

## 缶詰

防災を意識するようになって、ストックの量を増やしたのが缶詰。災害時用にとしまい込むと、消費期限切れになりやすいので、普段の食事にも取り入れて回転備蓄を心がけています。

## トイレットペーパー

我が家にはトイレが2か所あり、どちらも備え付けの棚があるので、ここに収まる量がストックの目安に。かさばるものなので、セールで買いだめせずに、なくなる直前に買い足しています。

17:00

# エコバッグは玄関に置いて持ち忘れなし！

まだエコバッグを玄関に収納していないころ、スーパーに着いてから「エコバッグ忘れた！」と気づくことが多くありました。私は案外抜けているところがあり、その上面倒くさがりなので、忘れたときはレジ袋を購入していましたが、レジ袋は家の中を散らかす原因にもなるので、私自身はエコバッグを利用したいと思っています。ですが、自分の持ち忘れが原因で、結局レジ袋が増えてしまったという経験を何度もしたので、外出のときに必ず目に入る場所＝自分が靴選びをしたときに視界に入る棚にエコバッグを置くようにしました。それからは持ち忘れもなくなり、自分の性格に合った収納法に助けられているな、と感じています。

18:00

# すぐに使えてラクできる、ひと手間収納

買い物から帰宅すると、すぐにやるようにしていることがあります。パッケージに入っているものは取り出してひとつずつ使いやすく分け、フルーツはすぐに食べられる状態にしてから冷蔵庫にしまいます。このひと手間かけた収納が、毎日の食事作りをスムーズに行なうことにつながっています。

特にお菓子や果物は、子どもに「食べたい」と言われても忙しくてすぐに対応できないときがあり、待たせるのは子どもにとってストレスだと思いました。そこで子どもが自分で好きなときに出し入れできる状態にすることでお互いのイライラをなくすことにしました。ちょっとの手間が気持ちのゆとりをつくってくれるので、買い物とひと手間収納は私の中でセットになっています。

ラムネいろいろ
国産
木綿とうふ
十勝
まろやかヨーグルト
パプリカ
[ ひと手間かける ]
[ そのまましまう ]

## ひとつずつに分ける

ヨーグルトやプリンなど複数パックになっているものは、取り出しやすいようにひとつずつに分けます。分けたらデザートのケースに収納。上から見たときに賞味期限が見えるように入れるとムダになりません。

## パッケージから出す

お菓子は子どもが自分で取れるように袋から出して引き出しへ。小分けになっているから食べ過ぎも防げます。

## すぐに食べられるようにする

ぶどうは洗って房から外し、キウイなどは皮をむいてカットし、保存容器に入れます。時間のあるときにこうしておくと、子どもが食べたいときにすぐに出せます。

# 使いやすくて管理が簡単なひと手間収納

取り出しやすい、パッと見て残量がわかるなど、使うときの便利さを優先して収納。時間があるときにやるだけで後がぐんとラクになります。

## ジャム

ガラス瓶入りのジャムは持ち手付きのプラスチック製カップに。ジャムを移し替えるのは手間もかかって衛生面も心配なので瓶ごと入れています。

## ルウ

カレーやシチューのルウは箱から出してケースにしまい、残量がひと目でわかるように。調理中もすぐに取り出せるので時短になります。

## 根 菜

根菜類はビニール袋から出して、通気性のよいメッシュのワイヤーバスケットに入れています。汚れが気になったらサッと拭けるので管理も簡単。

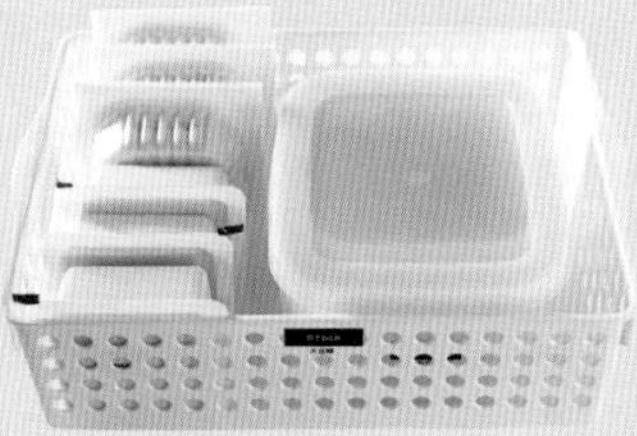

## 納豆・豆腐

納豆や豆腐はひとつずつに分けて、消費期限が見えるように並べます。味噌はパカッと開けられるふた付きケースに容器ごと入れて冷蔵庫へ。

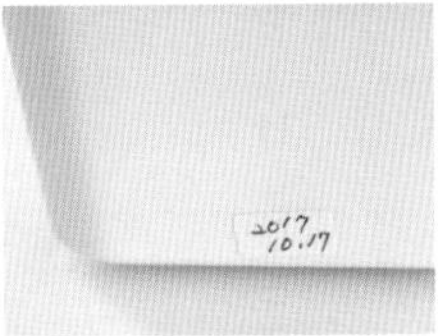


POINT

### 消費期限はシールで

パッケージにだけ消費期限が記載されているものは、シールに書き写してケースに貼ります。一度自分で書くと消費期限を意識するので、使い忘れの防止にも役立ちます。

18:00

# 袋類は収納道具に合わせて数を決める

レジ袋や紙袋は、たくさんなくてもよいけれど、まったくないと困る場合もあるものだと思います。だからこそ、どれくらいの量を持つかを決めていないと、ついため込んで家のあちこちがレジ袋や紙袋だらけということになりかねません。

我が家の場合、レジ袋も紙袋も使う頻度がかなり低いため、収納する道具に合わせて数を決めることにしました。レジ袋はシンク下の扉裏のタオルハンガーに収納できる8枚ほど、そして紙袋は押し入れにあるファイルボックスに入る10枚程度。これだけで十分足りています。

どのくらいの数を残せばよいかわからないというものほど、収納する場所や道具に合わせて数を決めてしまうというのは合理的な方法だと感じています。

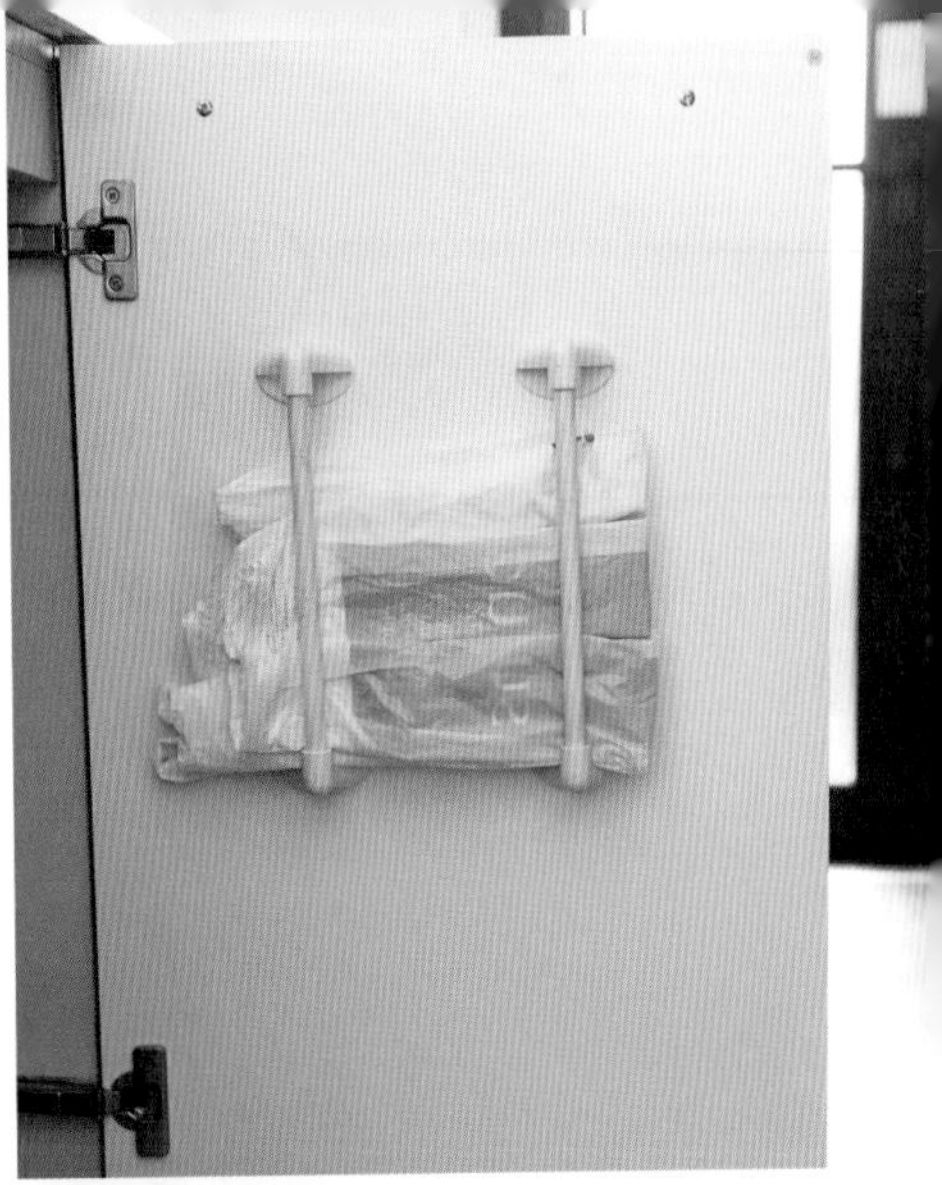

18:00

# 調理をサポートしてくれる キッチン収納

食事作りをするときに、時間をかけず効率よくこなしたいと思う私は、「扉を開ける・かがむ・背伸びをする・移動する」などの動作を少なくすれば、だいぶラクになることに気づきました。コンロ周りにはそこで使う調理器具や調味料を配置、よく使うキッチンツールは調理しながらすぐに手に取れる壁面にかければ、1歩も動かずにすみます。毎日の食事作りの中で「これは手間だな」と感じるたびに、収納方法を見直して自分にとって快適なキッチンに変化させています。

2

1

3

**1**
コンロの右側の壁には、調理中に右手で取れるように、使用頻度の高いものから順にキッチンツールをかけて。

**2**
コンロ下の引き出しには、調味料をセット。火にかけながら使うものは右手で取れるこの位置に。1歩も動かず調理できます。

**3**
よく使うものは冷蔵庫の右側のドアポケットに集めます。ここさえ開ければ取り出せるので、作業効率がアップします。

18:00

# ムダなものと動きを省いて調理スピードをアップ

一日のうちで一番忙しく感じるのが夕食作りから後片づけまで。

この時間の作業をいかにスムーズにできるかで、子どもたちとの入浴時間が変わってしまうので、毎日がある意味勝負です。効率よくこなすためには、徹底的にムダな動きやムダなものを省く工夫が必要でした。

まず、調理中のムダな動きを省くために、冷蔵庫から必要なものをまとめて取り出すための専用トレーを野菜室に置くようにしました。これだけで何度も冷蔵庫まで行き、開け閉めをする必要がなくなりました。

そして、ムダなものを省くために、なくてもよいと感じたものはほかのもので代用。野菜などの洗い桶はボウルを、三角コーナーは毎回ビニール袋を使用することに

1　三角コーナー代わりにビニール袋を用意。まとめて捨ててしまえば、シンクには何もない状態になるので、シンク掃除をするのもラク。

2　冷蔵庫から食材を取り出すときは、トレーを使います。手だけで持っていたら1回で持ち切れない量も、これなら一気に運べます。

しました。どちらもあれば毎回洗って乾かしたり、衛生的に保つためのメンテナンスも必要になりますが、扱いやすいもので代用することで、その手間はなくなります。

また、後片づけをラクにする工夫として、夕食をとっている時間は調理で使用したものをシンク内に置き、お湯や洗剤でつけ置きをしています。そうすることで、夕食後の片づけにかかる時間を短くできます。

**3**
仕事や宿題でも使うダイニングテーブル。3種類あるランチョンマットはそのときどきの気分に合わせて子どもたちとチョイス。

4

調理がすんだ道具はシンクの片側へ寄せておきます。食事中は洗い桶代わりに鍋やフライパンにお湯を張り、調理道具をつけ置きます。

18:30

# 家族のイライラを見逃さず、ひと工夫で改善

我が家のおもちゃ収納は、子どもたちがよく遊ぶ1階のリビングと2階の子ども部屋にあります。最近、3歳の息子は1階と2階を行き来して、そのとき遊びたいおもちゃを運ぶようになりましたが、ある日大きな声で「持てないー、持てないー!!」と騒いでいました。これはどうにかしてあげなければと思い、用意したのがおもちゃ専用の移動バッグです。

家族のイライラを見つけたとき、私がよく考えるのが「反対語」です。息子の手が小さくてものを持てずにイライラしている場合は「小さい」の反対で「大きく」。息子の手は大きくできないので、それに代わるバッグを用意しました。「反対語」が解決のヒントになることが多くあります。

18:30

# 気づいた人がサッと拭くから、いつでも快適

我が家では、掃除は母親の仕事と決めていません。家族で暮らしている家だからこそ、みんなで大切にするというのが我が家のルールです。いつでも汚れに気づいた人がサッと掃除できる仕組みをつくれば、母親だけの仕事にならずにすみます。

そのため、掃除グッズはしまい込まず、必要になる場所ごとに出しっぱなし収納にしています。掃除グッズも子ども目線で選び、大人でも子どもでも使いやすいもの、インテリアになじむものを選ぶようにしています。最近では子どもたちのほうが汚れに気づくのが早く、すすんで掃除をしてくれます。遊びながら、テレビを見ながら、掃除をしてくれる姿を見ると、「気づいたときにサッと掃除ができる仕組みができたのかな」と感じます。

1

19:30

# 食器洗いとシンク掃除は夕飯後のルーティンに

食後は、すぐに後片づけに入ります。我が家には大きな食洗機があるのですが、洗い物が少ない日は手洗いですませてしまいます。食洗機を使えばラクですが、案外時間がかかるのと、翌日の忙しい朝に、食洗機の中のものを食器棚に戻す作業をしたくないので、よほどの量でない限り手洗いをして拭いて戻すまでを食後にすませています。そんなときも大きな食洗機は、水切りとして利用できるので便利です。

また毎日、食事の後片づけと一緒にすませるのがシンク周りの掃除です。ふたつをセットでやることで、「わざわざ掃除する」という感覚にはならず、常にきれいな状態を保つことができます。

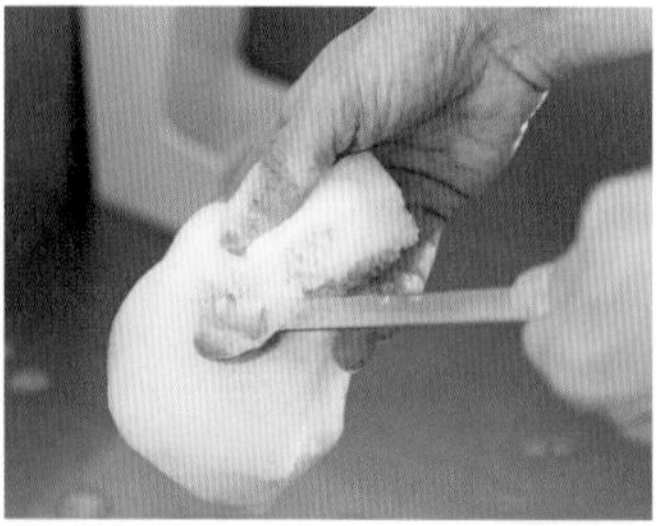

1

キッチンのスポンジは白。汚れ具合がわかって取り換え時期も判断しやすいので、いつも清潔に使えます。

2

すすぎが終わったものは水切り代わりの食洗機に。手で洗っても時間がかからないため、このスタイルに。

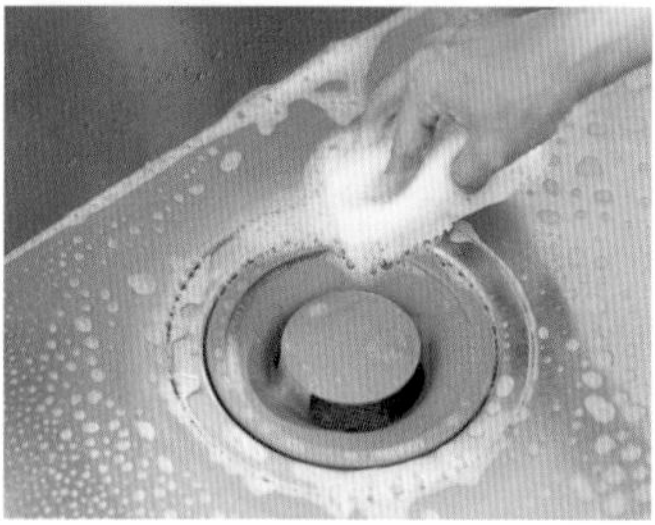

3

食器洗いと同じスポンジでシンクまで洗います。この家に住んでから、夕食後は毎日欠かさずしている大切な習慣。

**4**

キッチンワイプでシンクの水滴を拭き取ります。ステンレスのくもりも防げてすっきりと見えるので一日の仕上げに欠かせません。

**5**

シンクを洗う間に水切りをしていた食器や鍋を拭き上げ、棚に戻します。

20:00

# 財布の中もその日のうちにリセット

私は毎晩、財布の整理をするようにしています。不要なレシートは極力もらわないようにしているのですが、仕事柄、確定申告で必要になるレシートだけは受け取るようにしています。その日に受け取ったレシートは夜にすべて出し、項目ごとに仕分けしてファイリングします。そうすることで、毎日財布の中は整理された状態を保つことができ、確定申告の際も慌てずにすみます。どうすればレシートを管理しやすいかを考え、辿り着いたのが「不要なレシートは受け取らない」「必要なレシートはため込まずその日のうちに仕分けてファイリング」というルールでした。どんなことにも当てはまりますが、自分に合った方法でため込まないというのが毎日を快適に、その後もラクにしてくれます。

項目別にインデックスを付けてあるので、ポケットにレシートを入れるだけで仕分けもできます。

20:00

# お風呂掃除はついでにサッとが効率的

私は「わざわざ掃除をする」というのが得意ではないので、毎日使う場所は何かとセットにして「ついで掃除」をするようにしています。お風呂掃除も同様でバスタブはお湯を張るついでに洗い、床や壁、排水口はお風呂に入ったついでに汚れに気づけば掃除をします。子どもたちも遊び感覚で手伝ってくれます。

毎日お風呂に入るたびに、「ついで掃除」をすることが、大きな汚れを防ぎ、結果ガッツリ掃除を回避することにつながっています。

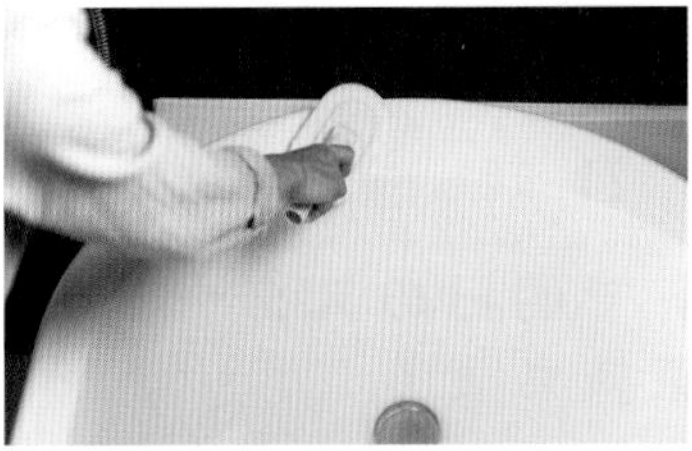

1

バスタブはお湯を張る前に、スポンジでゴシゴシこすります。入浴前の掃除はこれだけ。

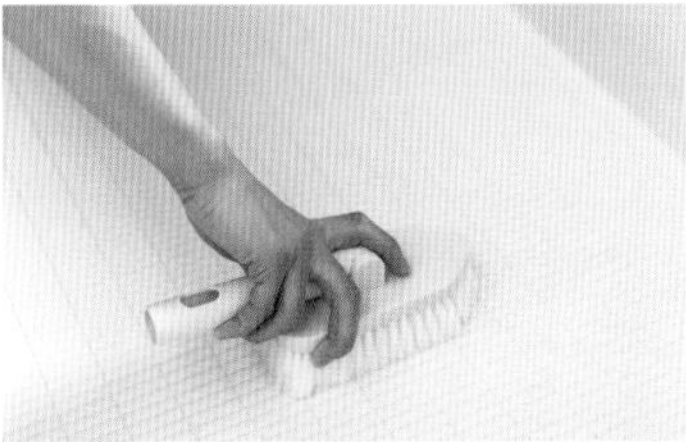

2

お風呂に入りながら、気になるところをブラシで掃除。汚れが残る前に洗ってしまいます。

3

お風呂から出る前に鏡についた水滴をスクイージーで取り除きます。水アカ防止に効果絶大。

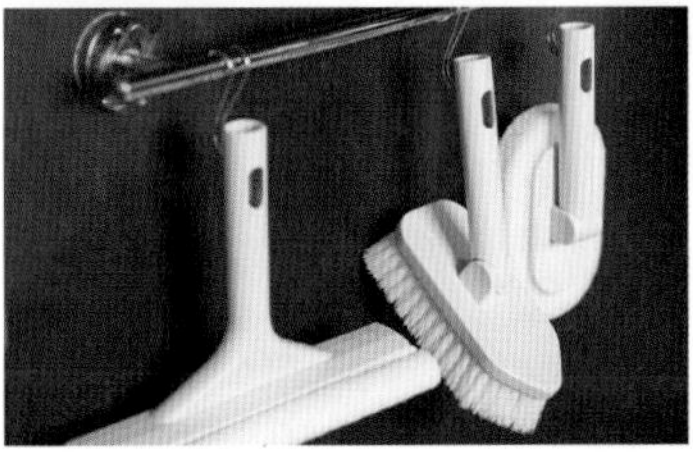

4

お風呂掃除の道具はフックを使った吊るす収納に。水切れがよく、清潔に保てるのもポイント。

## 21:00

# 夜のリセットで明日のスタートを気持ちよく

就寝前には必ず部屋をリセットすることにしていま す。ダイニングテーブルは何もない状態にし、リモコンやおもちゃは元に戻して、リビングにも出しっぱなしのものがない状態にします。そうすることで、翌日の朝を気持ちよく迎えることができます。毎朝、前日の片づけからスタートになってしまうと、きっと私も子どもたちも気持ちのよい朝を過ごすことはできません。当然、疲れ果ててできない日もありますが、翌朝のためのリセットはできるだけするようにしています。

遊んだおもちゃは基本的に子どもが自分で片づけるのがルールですが、できないときは無理にさせず手伝います。

テレビのリモコンはソファ下のバスケットに戻します。それぞれ定位置に戻して何も出ていない状態にしたらリセット終了。

PART - 2

# ストレスをためない頭と心の整理

FOR MY SIMPLE LIFE

仕事も家事も子育ても、すべてを完璧にこなそうとするのではなく、家族と自分にとって何がベストかを少し立ち止まって考える。

それがストレスをためない秘訣です。

MY RULE

## #01 優先順位を明確にする

私は以前、早朝からの仕事を16年間続けていました。帰宅も遅かったので、娘との時間は本当に少なかったように感じます。「このまま子どもとの時間が少ない働き方でいいのか」と考えることが多くなったときに出会ったのが、整理収納アドバイザーの仕事。昔から片づけや掃除が大好きだった私はすぐに「この仕事をしたい！」と思い、勉強をして資格を取得しました。

そして長男の出産を機に前職を辞め、片づけのプロとして本格的に活動を開始。ありがたいことに忙しい日々が続き、気づくと仕事のことばかり考えている自分がいました。ですが、ある日娘に言われた「お母さんと一緒にいるのに、全然一緒にいないみたい」というひと言で、なぜ転職したかを思い出したのです。今一番優先すべきは「子育て」だと。そう再確認してからは、頭も心も整理され、子どもに合わせたスケジュールを組めるよう

になりました。できない仕事は断る、子どもの行事は最優先、子どもの帰宅時は家にいる、子どもとの時間は一緒に楽しむという簡単なルールを持つことが、家事も仕事も効率よく回すことにつながっています。

「今、最優先すべきことは何か」。忙しいときこそ振り返って考えるようにしています。

MY RULE

# #02 情報に振り回されない

今はメディアやインターネットを通じて何でも情報が手に入ります。とても便利ですが、ときに自分を苦しめることもあります。私がそう思ったのは娘を妊娠したとき。初めてのことで何もわからず、いろいろな情報を集めました。ですが、情報が多いほど混乱し、ときには食生活に過敏になり過ぎて体調を崩すこともあり、「情報の多さが混乱させる怖さ」を実感しました。

今の仕事を始めてからはパソコンに向かう時間も増え、携帯電話をいつも側に置いています。しかし、気が休まる時間がなく、体調を崩して訪れた病院で「過労とストレスが原因。休んでいますか?」と聞かれ、まったく休めていないことに気づきました。そのとき「趣味を持つといいですよ」と医師に言われ、私が運よく出会えたのがバス釣りでした。バス釣りをするときはパソコンからも携帯電話からも離れ、自然と一体化できる自分がいます。

そうすることで日々多くの情報の中で生活している自分をリセットできるのです。今、私は「ブレない自分で情報と向き合うこと、たくさんの情報と適度な距離を保つこと」がとても大切だと感じています。そうすることで情報を受け取るときも、情報を発信するときも自分が混乱せずにいられます。

MY RULE

# #03

# 3分あればどのスペースも片づく仕組みに

我が家は、どの場所も3分あれば片づく仕組みにしています。急な来客にも困ったことはありません。これはズボラで面倒くさがりだからこそできあがった仕組みです。

まず片づけは、どんなものでも居場所を明確にすることが大切です。そうすることで「決まった場所にただ戻すだけ」ですむからです。戻す場所が明確なら、片づけは本当に簡単でラクになります。そして掃除に関しては「来客時、ここさえおさえればきれいに見える」という、祖母が教えてくれた知恵を実践。それは「シンク・洗面・トイレ」の3か所。「シンクと洗面の水気を拭き取る、トイレのふた、便座、便座の裏を拭く」という簡単な掃除ですが、これだけできちんと掃除したように見えます。祖母にはいいことを教えてもらいました。

掃除は本当に簡単にすませているので「いつもきれい」と言われることが不思議なくらい。

きっとそれは掃除グッズを出しっぱなしにすることで、汚れに気づいた人がその場でサッと掃除できるようにしているからだと思います。これも「掃除グッズをわざわざ取りに行くのは面倒」「掃除に時間をさくのはイヤ」という、ズボラで面倒くさがりな性格から生まれた仕組みです。

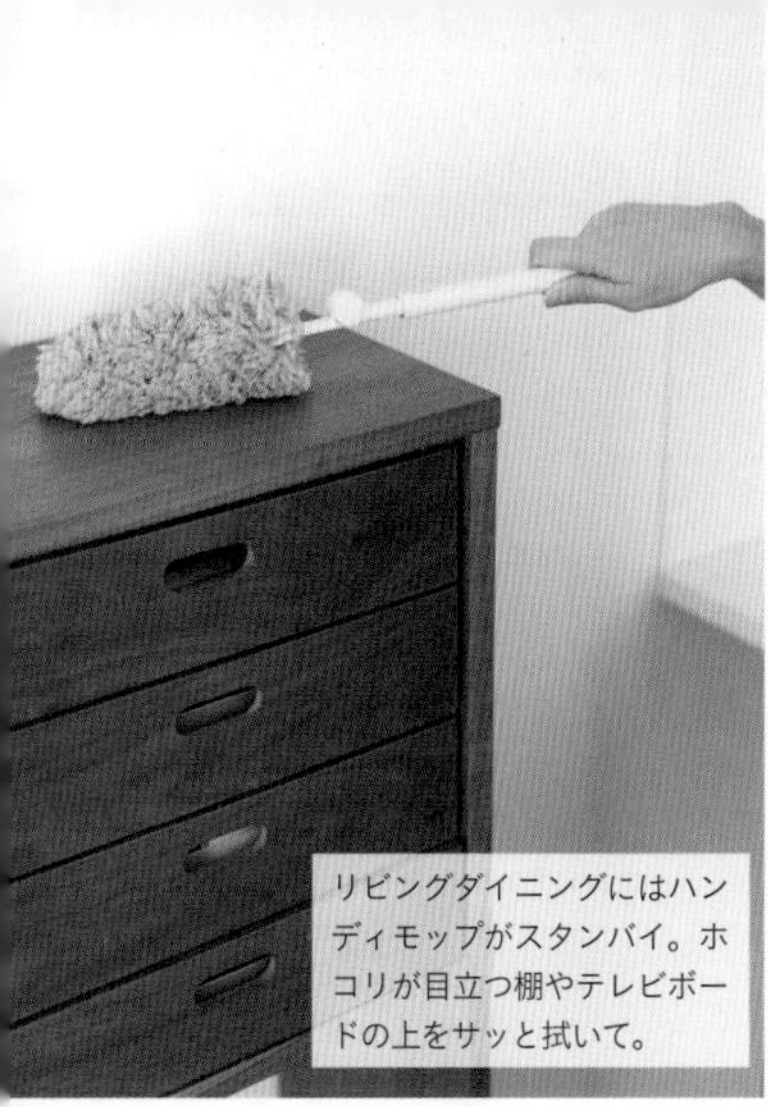

リビングダイニングにはハンディモップがスタンバイ。ホコリが目立つ棚やテレビボードの上をサッと拭いて。

ハンディモップと一緒に置いているカーペットクリーナー。普段は、テレビを観るときに「ながら掃除」。

靴箱に収納しているホウキ。
子どものお出迎えや出入りの
際など、気になったときに掃
き掃除をします。

ピカピカにするだけで、毎日気持ちよく過ごせる水栓金具。水を使ったら水栓を拭くのは必ず行う習慣。

MY RULE

# #04 家事も仕事も楽しみながら素早く取り組む

今までたくさんの仕事をし、多くの方と関わらせていただきましたが、毎回みなさんに言われることがあります。それは「仕事が早い」ということ。私自身は意識したことがなく、言われてはじめて「そうなのかな」と思ったくらいです。私は小さなころから何でも先にやってしまう子で、夏休みの宿題も一気に終わらせ、残りの時間を思う存分楽しみたいタイプでした。それは今も変わらず、とにかく何でも早く終わらせ、あとはのんびりするというのが好きです。仕事が立て込んで一気に終わらせることが難しいときは、付箋に一つひとつの仕事を書き込みます。そうすることで、今やるべきことの量が明確になるからです。

私は何でも「ゲーム感覚」にすることが好きなのだと思います。パソコンに付箋を貼り、終わったらどんどん捨てていく。それがゲームをクリアする感覚と似ていて楽しいのです。実はそれは仕事以外でもいえること。毎日の掃除や洗濯も、ゲームをするように取り組み

ます。効率よく早く終わらせられればゲームクリア、そして待っているのは自分時間というご褒美。

どんなことでも効率よくできる工夫をして、仕事も家事も楽しみたいと思っています。

MY RULE

# #05 ルールを決めて趣味を楽しむ

「趣味はバス釣り」というと意外に思われるかもしれませんが、実は結婚するまでは家族でキャンプに行くのが恒例で、ひとり、早起きをして釣りに行くほど大好きだったのです。そのときの気持ちが蘇り、今ではバス釣りの時間があることで、行き詰まっていたことがスムーズに動き出したり、またがんばろうと気持ちを切り替えられるようになりました。

私にはバス釣りを始める前に決めたことがふたつあります。ひとつは趣味のものを家に持ち込まないということ。釣り具は幼い子どもには危険なものもありますし、私の趣味のもので家の中を圧迫するのはイヤだな、と思ったからです。そのため、釣り具の収納は、車のトランクにある隠れ収納を使っています。道具をわざわざ積み込む必要がないので思い立ったらすぐに出かけられるという利点も。もうひとつは釣り具を収納するボックスを用意し、そこに入るだけのアイテムを持つこと。道具を集め出したら切りがないことや、

初心者には使いこなせない、という理由からこのルールを決めました。趣味の時間を持つことは私にとって大切だからこそ、家族に迷惑をかけずに楽しむためのルールもまた大切だと感じています。

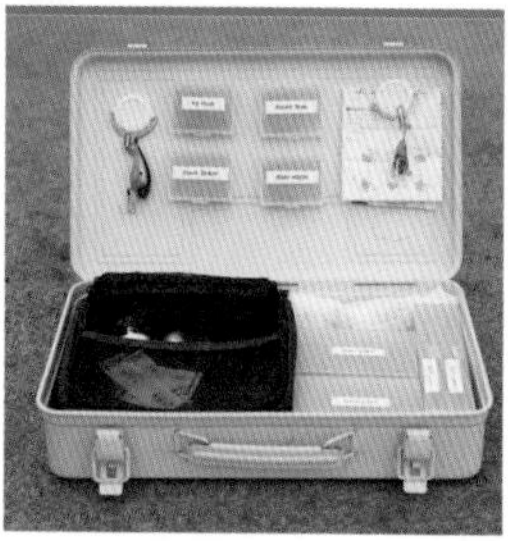

無印良品の工具箱を道具入れに。釣り針など小さなものが多いためケースに小分けして使いやすく収納。

MY RULE

# #06 快適な家の答えは家族が知っている

私が家の整理収納をするときに一番気をつけていることは「家族みんながどこに何があるか、わかりやすくする」こと。そうすることで、みんなが快適に過ごせる空間になるからです。日々生活する中で、必要なものが見つからない、ものをスムーズに出し入れできないのは大きなストレスにつながってしまいます。私にとって快適に過ごせる空間の強い味方は「整理収納」ですが、同時に整理収納の目的が「自分だけが満足するもの」ではいけないということも実感しています。

今は片づけブームといっていいほど、たくさんの収納本や収納についてのブログがあふれています。ですが、素敵な空間を見て「我が家もこうしよう」とすべてを同じにすると、失敗するかもしれません。というのも、本やブログどおりにすれば「美しい空間」は実現できるかもしれませんが、それが家族にとって快適に過ごせる空間かといったら、おそらく違うからです。どこに何があれば出し入れがしやすいか、どんなものに入っていればわかりやすいかは、やはり「使う本人」にしかわからないこと。だからこそ、家族とたくさん話しながら整理収納を考えて、みんなが快適に過ごせる空間をつくっていくことが一番大切だと思っています。

薬や絆創膏、スキンクリームなどは、家族が集まるリビングのテレビボードにラベルを貼って収納。

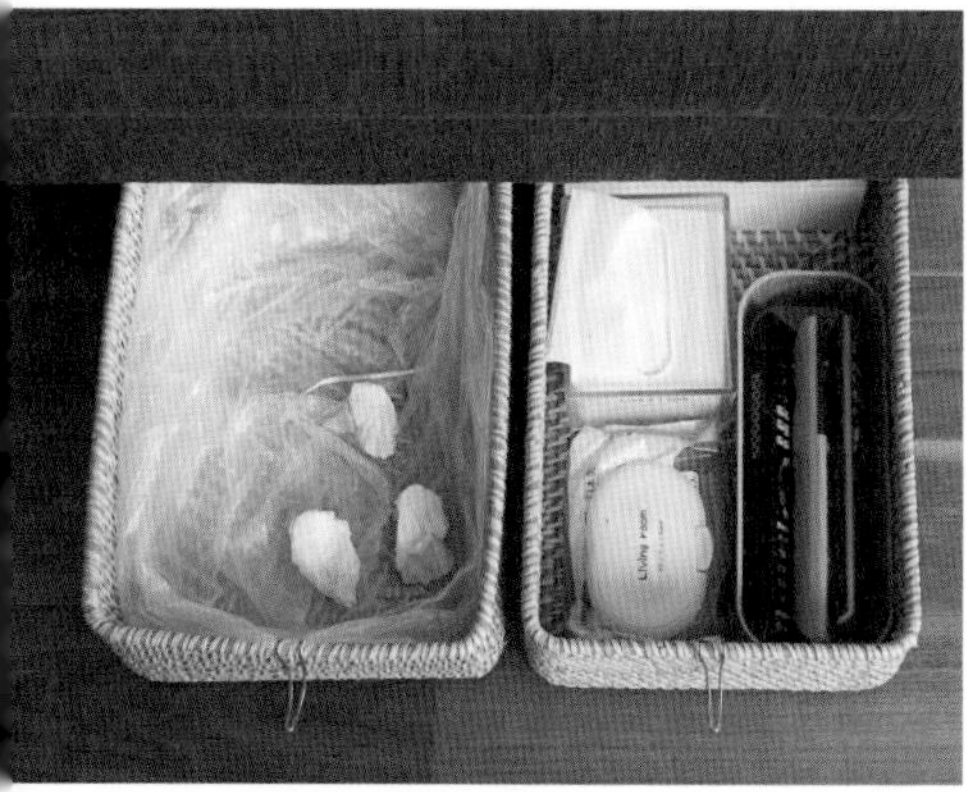

リモコンやティッシュ、ゴミ箱はソファ下に。じゃまにならず、すぐ出し入れできて、みんなが使いやすい。

MY RULE

# #07 増えがちなものは定期的に見直す

暮らしの中で、買ったわけでもないのに増えていくものがあります。その代表的なものが、思い出の品。家族の写真や子どもたちの作品は気づくと本当にたくさん。とても大切で、なかなか手放せないからこそ増えてしまいます。ですが、大切なものが家族の生活を圧迫してしまうようになったら、きっと私はその思い出のもの自体を大切にできなくなってしまいます。大切だからこそ定期的に向き合って見直し、我が家に合った残し方をしたいと思いました。

家族の写真は毎年1年分の写真から厳選し、1冊のアルバムにしていつも家族が集まるダイニングに置いています。子どもの作品は学期ごとに一緒に見直し、子どもが残したいものは残し、手放してもいいと言ったものは写真を撮って「作品アルバム」として残すようにしました。暮らしの中で「定期的にものと向き合う」のはとても重要だと感じています。

家族の写真は毎年、1冊のアルバムに。大切だからこそ、厳選していつでもすぐに写真を見られるようにしています。

多ければ多いほど着る機会が減ってしまうのが洋服。きちんと見直すことで、大好きな洋服コーデをより楽しめます。

収納からはみ出してしまっている、ずっと出しっぱなしになっているというのは、ものが生活を圧迫し始めているサイン。それはものが私たちに「見直しどきだよ」と教えてくれているのかもしれません。サインを見逃さず、ものと気持ちよくつき合っていきたいと思っています。

MY RULE

#08

# 洋服は自分が見渡せる量にする

整理収納アドバイザーになってから、ものとの向き合い方がガラリと変わりました。特に洋服は購入するときも、手放すときも意識が変化しました。以前は「なんとなく欲しい」「流行っているから欲しい」など、曖昧な基準で洋服を買っていたように思います。ですが、曖昧な基準で選んだ洋服は、管理の仕方も曖昧になっていると気づきました。

「心から気に入ったものしか買わない」と決めた今、持っているのはすべてが大好きな服。そういう気持ちで選んだ洋服は当然大切に扱うので、いつでも自分が見渡せるような収納にして「そういえばこんな服もあったんだ」ということがないように心がけています。もちろん体形や気持ちが変わり、もう着ないかも、という服も出てきますが、そんなときは「最近着ていない服で一度コーディネート」をします。そのときに、外出する気にならない、なんとなくモチベーションが下がる服に関しては、リサイクルショップやチャリティーに

出して手放します。心から気に入ったものには不思議とよい循環が生まれ、お気に入りだからこそ「見渡せる収納」にして大切に扱うことができ、手放すときが来ても捨てるのではなく生かすことができるのです。

MY RULE

# #09 家族一人ひとりが自然と片づける収納に

「自分のものは自分で片づける」ことは、当たり前なのになかなか難しい場合があります。それは「自分に合った場所に収納スペースがない」ことや「自分に合った収納方法ではない」というのが大きな原因。実はそのことに気づかせてくれたのは、8歳の娘と3歳の息子でした。

娘と息子は年齢も性別も、性格もまったく違います。8歳の娘は字が読めて、ふたの開け閉めも簡単にできます。息子はまだ字が読めず、ふたの開け閉めも上手にできません。ということは、ふたりのおもちゃは一緒に収納できないということ。当然自分に合う収納方法でないと、子どもは片づけません。それぞれに合う収納方法を見つけ出すことが大切だと実感しました。そしてこれは大人にもいえること。主人のものの収納も、どこにどんなふうに収納すれば本人が出し入れしやすいかをよく考えました。考えてもわからないと

息子のおもちゃは遊びごとにボックスでグルーピング。カードは箱から出して、ざっくりしまえるジップ付き小分け袋に。

主人の洋服小物は、すぐ手に取れるようにチェストの一番上の引き出しに。細かくスペース分けして、わかりやすく。

きは、子どもにも主人にもたくさん話を聞きます。私にとって片づけは家族とのコミュニケーションのひとつ。おもしろいことに、片づけを通じて「今、大切にしているもの」が何かもわかります。それぞれの行動や性格をよく知ること、よく話すことが、家族が自然と片づける仕組みにつながります。

MY RULE

# #10 家族の変化に合わせて暮らしを見直す

我が家は家族のライフスタイルが変わるたびに、ものの見直しや模様替えをしてきました。夫婦ふたり暮らしのときは当然、大人仕様の空間。そのため娘が生まれたときに、安心してスムーズに子育てできないなど問題点が多く出てきました。まず子どもに危険なもの、転倒するものがないように安全性に重点を置いて模様替え。また当時は整理収納の知識がなく、子どものお世話はおもにリビングでするのに「子どものものは子ども部屋」という固定観念があり、リビングと子ども部屋の行き来が多くて、子育てがとても大変でした。

ふたり目の子どものときは過去の経験を生かし、お世話する場所ごとに子どもグッズを収納するように。すると育児はぐっとラクになりました。そして家具も大きく見直し、子どもたちがのびのび安心して過ごせるよう、本当に必要な家具だけにして広々とした空間に変えました。

MY HISTORY

## 我が家のおもなライフスタイルの変化

家族構成や家族の成長に合わせて見直してきた、暮らしの変遷を紹介します

| | |
|---|---|
| 2006年 | 夫婦ふたりのとき<br>▶ モノトーンを基調とした大人なインテリア |
| 2008年 | 長女を出産<br>▶ 子どもが安全に過ごせるように模様替え<br>▶ 子どものグッズはすべて子ども部屋に収納していたため育児のしづらさを感じる |
| 2013年 | ふたり目の子どもを出産<br>▶ 子どもが遊びやすいリビングに<br>▶ 生活動線がラクになるダイニングに模様替え |
| 2014年 | 自宅での仕事が増える<br>▶ 資料などを入れるために大容量のシェルフを購入 |
| 2015年4月 | 長女が小学校に入学<br>▶ 子ども部屋を見直し<br>▶ リビングのシェルフに長女用のスペースを設ける |
| 2016年5月 | 子どもが寝る前に絵本を読むのが習慣になる<br>▶ 寝室のサイドチェストを変更 |
| 7月 | 防災士の資格を取得<br>▶ 備蓄コーナーを設ける |

娘が小学校に上がるタイミングや私の仕事量の変化、子どものそのときどきの習慣に合わせ、そのたびに生活の場を見直しています。今年から息子は幼稚園に入園し、娘も「自分の部屋で宿題をする」と言い始めました。また大きな模様替えの時期がやってくる予感がします。

## LIVING

子どもがひとりのときは、ラグを敷かずにローテーブルを置いていました。でも、食事をするなどの目的もなかったため、ものの一時置き場になりがちでした。ふたり目の出産を機に、子どもたちがのびのび過ごせる空間にしたくて、ローテーブルを手放してラグを購入。子どもが思いきり遊べるリビングになりました。

before

### 大人仕様のシンプルモダンなリビング

使うのはソファだけ。床で何かをすることは想定していませんでした。

after

## ラグを敷いて、思う存分遊べる空間に

テーブルは小さなものに。ソファも自由度が高いフォルムのものにチェンジしました。

# DINING

以前から夫婦ふたりで使っていたダイニングテーブルとチェアは背が高めで少し圧迫感があり、子どもには使いにくいものでした。そこで空間を圧迫せず、4方向に行き来できる丸いテーブルに変えたところ、動線もスムーズに。子どもにとっても使いやすい高さで、家族が自然と集まる場所になりました。

before

## ダイニングを占める高めのテーブル＆チェア

長方形のテーブルがカウンターにくっついており、奥側へは行きにくい動線。

after

## 丸テーブルで圧迫感も動線の問題も解消

子どもも使いやすい高さに変え、空間にも余裕が出ました。丸いテーブルで部屋の印象も柔らかく。

# KID'S ROOM

娘が小学生になるのを機に、遊びが中心だった子ども部屋を、身じたくのしやすい空間に模様替え。以前この部屋で使っていたおもちゃは今の息子の部屋に移し、そこを子どものプレイルームにしました。遊びの空間と娘の部屋を分けることで、小学校生活に関わる身じたくがスムーズにできるようになりました。

before

## おもちゃや絵本がメインの楽しい遊びの場

以前の娘の部屋には絵本の棚やお絵描きもできるデスクなどを置いていました。

after

## 成長に合わせ、シェルフや姿見を設置

身じたくや片づけ、掃除も自らできるようにグッズを配置。自立を促す子ども部屋に模様替えしました。

## CLOSET

以前から使っていたチェストを今の家のＬ型のウォークインクローゼットに入れたところ、奥の引き出しが開けづらくなり、ストレスになっていました。そこで今のクローゼットに合わせ、ふたつ同時に全部が引き出せるサイズのチェストに変更。開け閉めもスムーズで、洋服選びもラクに楽しくなりました。

before

### サイズが合わず開け閉めのしづらいチェスト

Ｌ型に配置したチェスト。奥の引き出しが開けにくく、洋服選びも、整理収納のときも不便を感じていました。

after

## ちょうどいいサイズで使いやすいチェストに

家具のサイズで、それまでのちょっとしたストレスがすっきり解消。収納グッズ次第で、暮らしがより快適に。

# BEDROOM

ベッドの横に置いていた木製のサイドテーブル。とにかく重く、掃除のときに動かすのがとても大変でした。そのうち子どもたちに就寝前の読書の習慣がつき、本の収納場所が必要に。そこで引き出し付き、キャスター付きのワゴンに買い替え。息子のお世話セットや絵本、娘の本、私のメガネも収納できて大満足です。

before

## 掃除もひと苦労だった重いサイドテーブル

上に載せたふた付きボックスには息子のおむつやお尻拭きを入れていました。

after

## 移動しやすく、たくさん収納できるワゴンに変更

ファイルボックスを並べて本やおむつ類を収納。サイドにボックスを付けてメガネなどの小物入れに。

# STORAGE

近年続く大きな地震。あるとき娘が、「今、電気が止まってお店にも行けなくなったら、うちは大丈夫？ すごく不安」と言いました。その言葉がきっかけで、備蓄についてしっかり考えるようになり、防災士の資格を取得。収納の一部を備蓄スペースにしたことで、いざというときも慌てない安心感が生まれました。

before

## 和室の押し入れ収納を見直し

息子の洋服を収納していましたが、子ども部屋に移して空いた4段分を備蓄スペースに。

after

## 引き出しの一部を備蓄に変更

たっぷり入る深い引き出しに、家族4人分の水やトイレットペーパー、ラップなどを収納。

before

食器棚の下段を
備蓄用に変更

ホットプレートなどを移動させ、高さに合わせた引き出しを設置することに。

after

食器棚を使って
食料品を備蓄

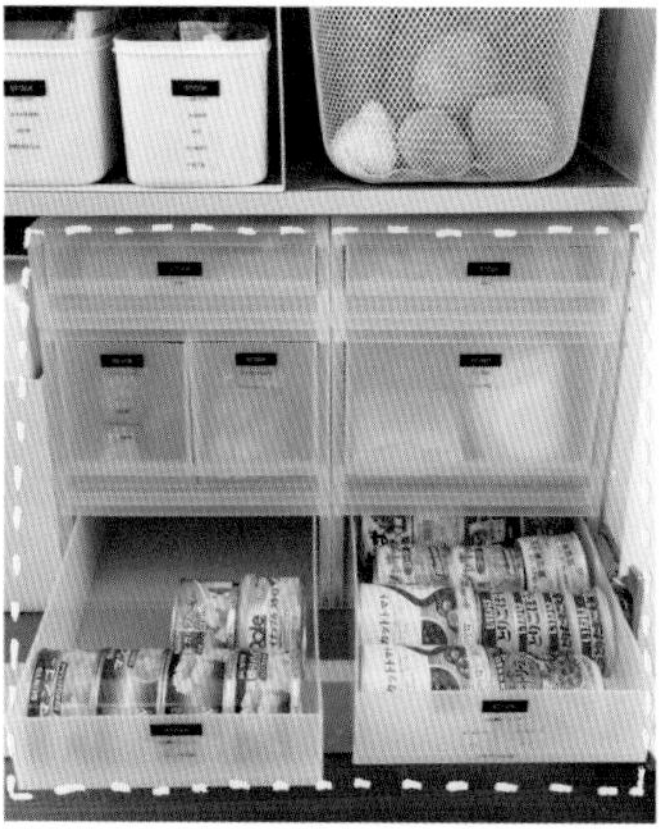

3段の引き出しを置いて缶詰やレトルト食品を収納。日常に使う分と備蓄を兼ねています。

PART - 3

# ためない
# 暮らしの
# 収納グッズ

FOR MY SIMPLE LIFE

家をすっきり保つには、使う人と場所に合わせた収納が基本です。シンプルで機能的な収納グッズは使い勝手がいいだけでなく、ものの管理もラクになる頼れる存在です。

linen
water
room
deodorizer
cleaner
bath
laundry
bleach
Cleaning equipment

# 収納グッズの選び方

整理収納を学び、収納グッズの選び方が大きく変わりました。以前は「自分好み」という基準でしか選んでいませんでした。収納には「今使っているものを出し入れしやすくしまう」という意味があります。何をしまうかが決まっていない段階で収納を考えることはできないと知ったことが、私の収納グッズ選びに大きな影響を与えてくれました。

私はどんな収納グッズに関しても「とりあえず」や「なんとなく」で購入するのは避けています。そういう気持ちで購入すると、本来の収納の役割を果たせなくなることが多いからです。収納グッズを選ぶときは、まずはじめに何をしまうかを明確にし、サイズを測ります。そして必ず考えるのが「誰のための収納か」「収納の目的は何か」ということ。子どもたちや主人、そして私とでは扱いやすい収納グッズはまったく違います。さらに収納をつくりあげる空間と、収納グッズの相性も忘れずにチェックします。失敗しない収納グッズ選びには、あらゆる角度から考えることが欠かせないと思っています。

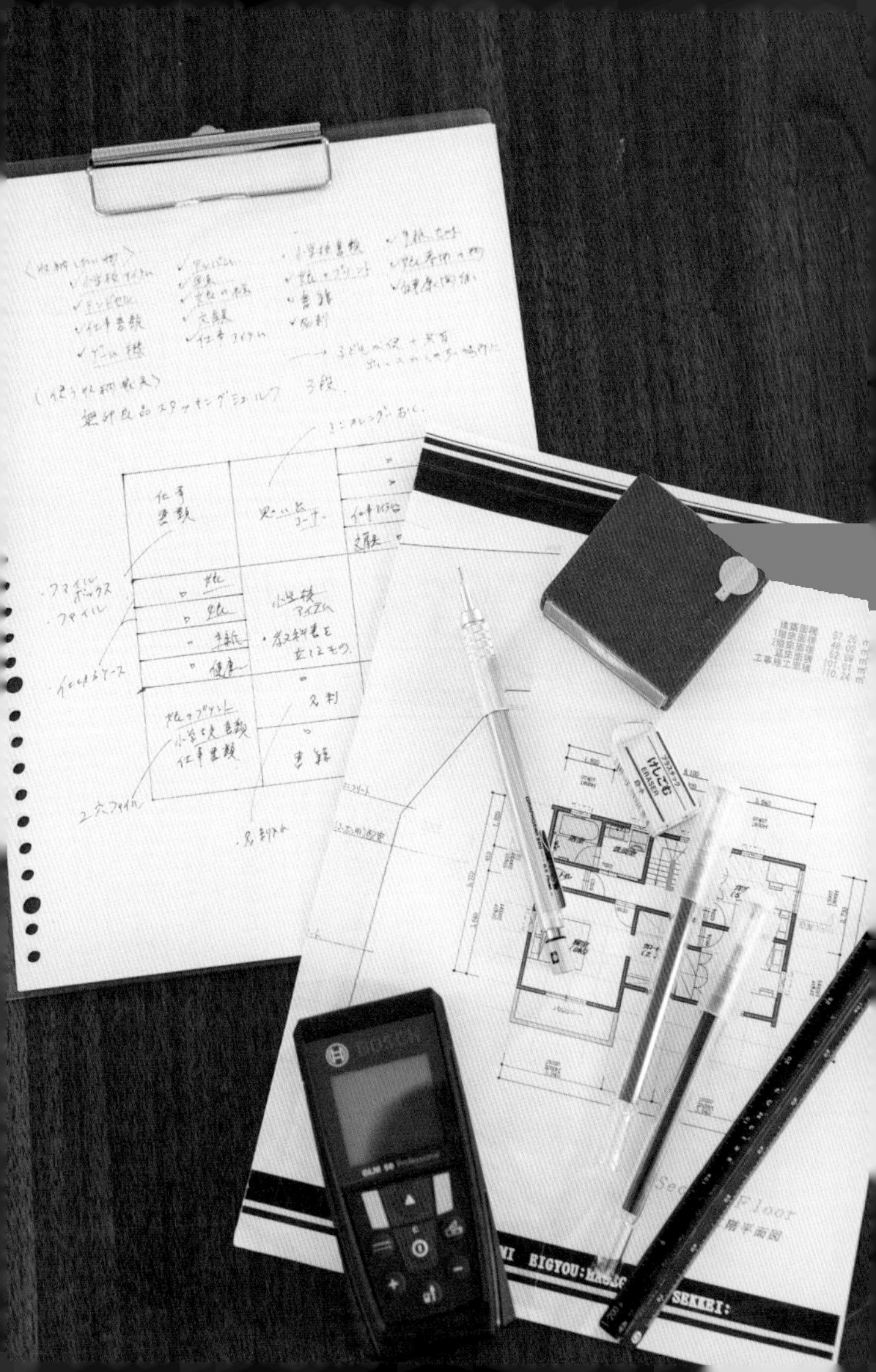

USEFUL GOODS - 1 | BOX&CASE

# ボックス & ケース

分類したり、まとめたり。使い勝手をよくする収納グッズ

ボックスやケースはこまごましたものや一緒にしておくと便利なものをまとめたり、コンパクトに収納できたりするので、いろいろなシーンで活躍します。

ただ、取り入れやすいぶん、使う人、使うシーンをしっかり考えて選ぶことが大事です。

たとえば子どもや高齢者であれば「軽い」「柔らかい」「落としても安全」という素材を選ぶ必要があります。また、目的が「管理がしやすく何をしまっているか忘れない」とい

うことであれば「中身が見える」ものがいいでしょう。

使う人のことや目的をきちんと考えることで、片づけやすく、管理もしやすいというよい連鎖が生まれます。「誰のためか」「目的は何か」を判断基準にすることで、選ぶべきボックスやケースの種類が見えてくると思います。

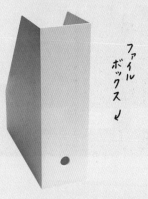

書類や紙袋、そしておむつ入れにも使える無印良品のファイルボックスは万能収納グッズ。見た目もすっきり収まります。

食器棚で使っている仕切り付きのボックスはACTUSで購入。こまかく分類できるので、必要なものがすぐ手に取れます。

ステンレス
ワイヤーバスケット

通気性がよく、中身が見えるので、洗濯物の一時置きにしている無印良品のバスケット。重ねて使えるのもうれしい。

ファスナー付きケース

ハガキサイズの書類や日用品の小物収納に利用している無印良品のケース。柔らかい素材で子どもが落としても安心。

取り出し口付きケース

1枚ずつスムーズに取り出せるゴミ袋のストック用ケースは、mon・o・tone で購入。機能的でデザインも素敵。

USEFUL GOODS - 2 | COVERED BOX

# ふた付き収納グッズ

ホコリがつかないから清潔で、長期の保管におすすめの収納

ふた付き収納のよさは、ホコリを防げることと、箱自体が棚代わりになって重ねて収納できるところ。

利点は多々ありますが、気をつけなければいけないこともあります。それは「ふたを開ける」動作が必要になること。

ふた付きボックスを重ねた場合は「重なっているものをよける→ふたを外す」というように動作が増えてしまうので、子どもや高齢者が頻繁に出し入れするものには向きません。ものを取り出すまでの動作が多

いほど使いづらく、片づいた状態を維持するのが難しくなります。

季節外の衣類の長期保管やホコリを防ぎたい大切なものの収納には向いているので、誰のための収納かを忘れずに、置き方や使い方に注意しましょう。中身がわかるよう、ラベルをつけるのもおすすめです。

窓付きケース

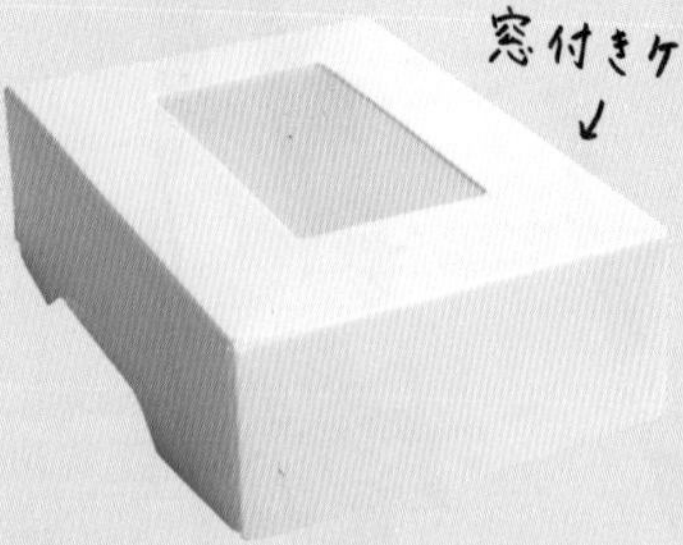

中身が見える、mon・o・toneのケース。家族みんなが使う綿棒や、娘のヘアゴムなど、こまごましたものの収納に。

ラタンバスケット

シーズンオフの衣類入れにしている無印良品のバスケット。長期間保管するものは、ホコリを防げるふた付きがベスト。

ポリエステル
ソフトボックス

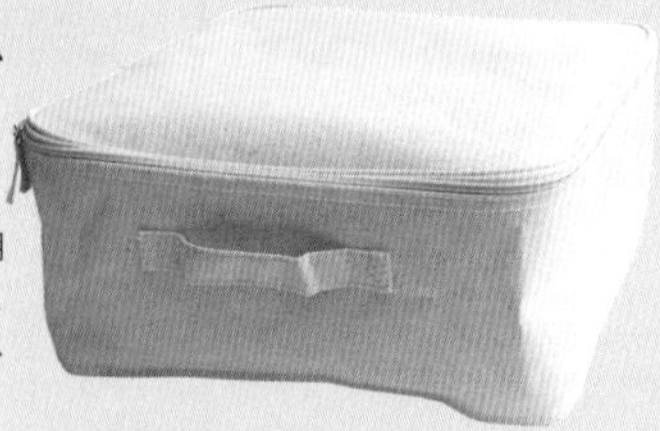

同じく長期間の保管でも、使用するのが子どもや高齢者なら、軽くて柔らかな素材のボックスを。無印良品で購入。

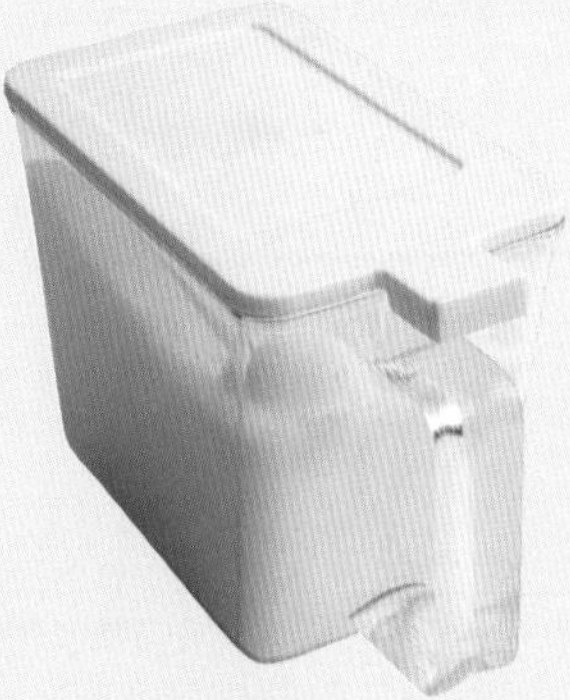

調味料ポット ←

ふたを片手でぱっと開けられる便利なポットは100円ショップmeetsで見つけたもの。よく使う調味料をつめかえて使用。

紙製ボックス ↘

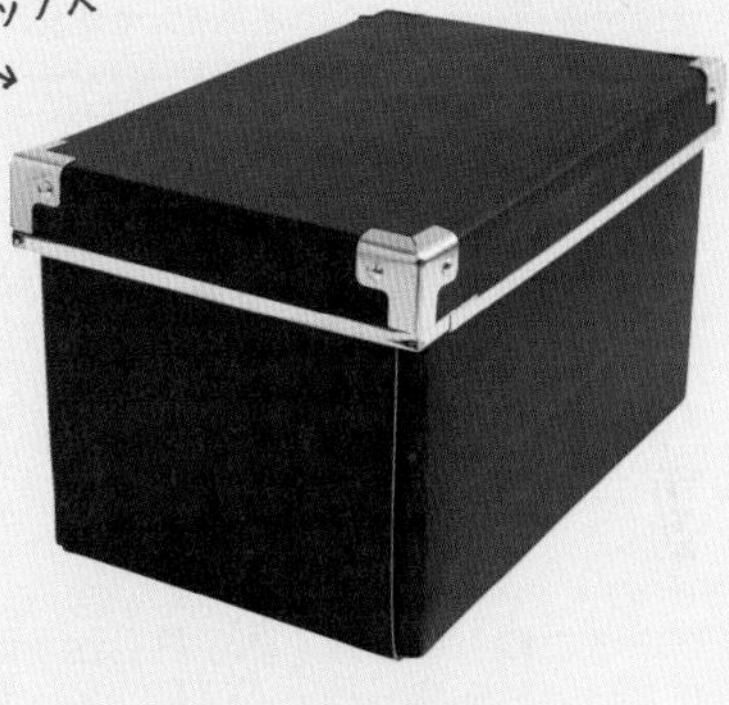

シャープな印象のIKEAのボックスにはカメラや充電機などの電子機器を。壊れやすいものは、しっかり保護して収納。

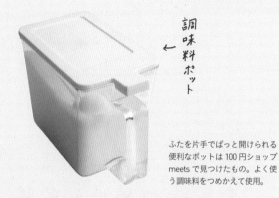

USEFUL GOODS - 3 | REFILL CONTAINER

# つめかえ容器

すっきり収まって扱いやすいから、キッチンや洗面所でも大活躍

　私は調味料や洗剤類などたくさんのものをつめかえています。子どもにとっても安全で、簡単に扱えるようになりますし、容器を揃えることで、収納がしやすく見た目に統一感が生まれる点も気に入っています。

　さらに「つめかえられる量に減るまでは、買い足さない」というルールをつくることで、買い過ぎ防止にもひと役かってくれています。つめかえ切れずにストックがたまっていくと、それを収納するための空間が必要になりますし、存在を忘れてム

ダにしてしまうことも起こりやすくなります。

容器を選ぶときは、子どもにとってラクに使えて安全な素材で、日常的に愛用している調味料や洗剤などの容量がすべて入り切るサイズということ。これを基準にしています。

スパイス瓶

少量の調味料を入れているIKEAの瓶。手間なくぱかっと開けられるふたで、時短料理にひと役かっています。

ドリンクの空き容器

冷蔵庫のポケットにちょうど収まるカルピスの容器を液体調味料入れにリユース。ふたもワンタッチで開けられます。

プラスチックケース

IKEAのケースは常備薬や大きめのヘアアクセサリー入れに。スペースにムダが出ない四角い形で、ぴったり収まります。

調味料ボトル→

よく使う液体調味料はHARIOのガラスボトルにつめかえて使用。細長いので、場所をとらずにすっきりと収まります。

スプレーボトル→

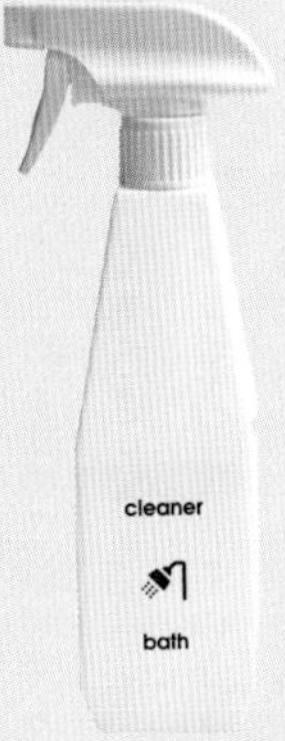


洗剤や掃除用品はすべてsarasa design storeのボトルにつめかえ。並べたときにムダなすき間ができないのでお気に入り。

USEFUL GOODS - 4 | CHEST OF DRAWERS

# 引き出し式収納

引き出すだけで、すべてのグッズがひと目で見渡せる収納方法

ブランケットなど場所をとる大きなものから、文具などの小さなものまで、あらゆるものをしまうことができるのが引き出し式の収納。押し入れのような奥行きのある空間も、引き出しを使うことで奥のものがラクに出し入れでき、さらに引き出したときに、すべてを上から見渡せるという大きなメリットもあります。

ですが、引き出しの中にものを重ねて入れてしまうと「何が入っているかわからない」「ここにあるのを忘れて、買い足してしまった」とい

うことも。そんな失敗を防ぐには、引き出しの中を仕切るアイテムを活用するのがおすすめ。引き出しと、引き出しの中で使うアイテムを上手に組み合わせることで、ひと目で見渡せる特徴を最大限に生かした快適な引き出し収納ができあがります。

## 引き出しをより使いやすくするアイテム

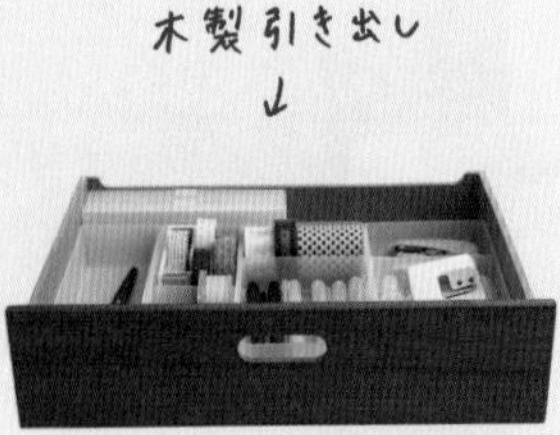


オープンシェルフと組み合わせられる無印良品の引き出し。こまごました文具類も、ひと目でどこにあるか見渡せます。

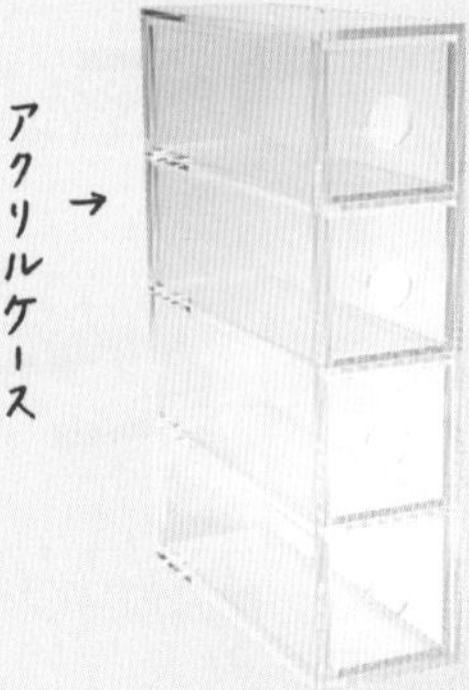


透明で中に入れたものがわかる無印良品のケースは、メガネ入れに利用。1段に1アイテムで、取り出しやすく。

押し入れや棚の中などスペースに応じて増減できるタイプ。サイズが豊富で、組み合わせやすい無印良品のものを愛用。

ポリプロピレン
仕切り付きケース

仕切り位置が変えられる無印良品のケース。小物はそれぞれのスペースを区切って分類すると、ごちゃごちゃにならず見やすくて使いやすい。

不織布仕切りケース

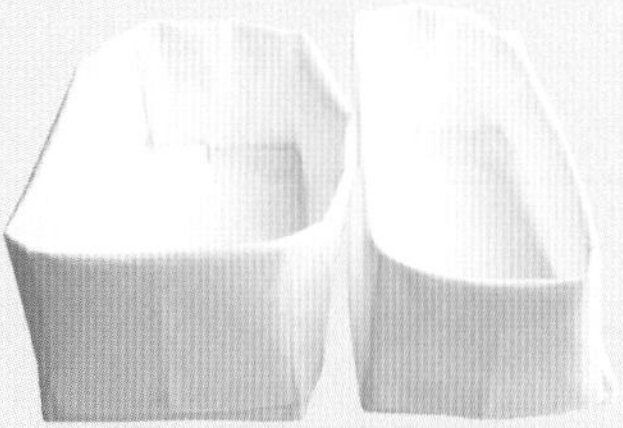

柔らかな素材で、子どもにも扱いやすい不織布製。大きな引き出しに入れて、アイテムを分類します。無印良品で購入。

スチロール
仕切り板

引き出しの中に収納するものに合わせて、縦にも横にも自由に仕切ることができる、無印良品の便利アイテムです。

USEFUL GOODS - 5 | CONVENIENT GOODS

# 空間を有効利用するグッズ

スペースを取らずに収納量を増やす、お手軽な便利グッズ

限られた空間を最大限に生かす強い味方がコの字ラックやフックなどの便利グッズ。ラックで空間を分け上下に置けるようにしたり、扉裏にフックを付けて収納したり、アイデア次第で空間を有効活用できます。

もうひとつ、我が家で大活躍なのが突っぱり棒。子ども部屋のクローゼットでは、子どもの背丈に合わせて突っぱり棒を設置して収納量をあげました（P42参照）。元のポールにシーズンオフの服を、突っぱり棒にシーズンオンの服をかければ、子

どもが自分で出し入れできます。
　便利グッズを使うときは耐荷重を確認し、余裕のある収納を意識します。ぎっしりつまった収納は取り出すのもしまうのも大変。便利グッズを使うことで、逆に「生活しにくい収納」にならないようにしています。

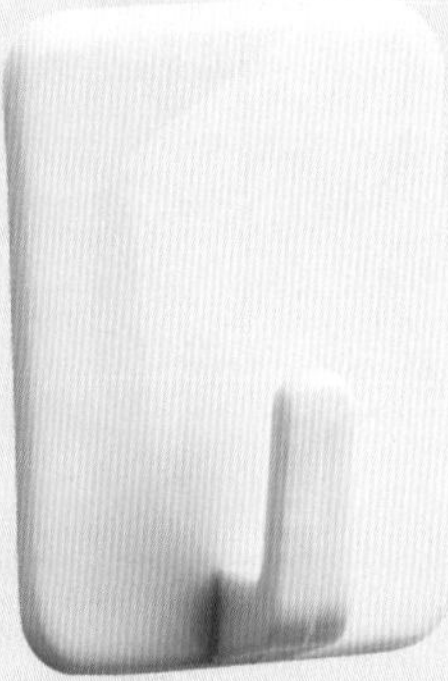

← 粘着フック

Seria で買った粘着フックは収納扉の裏に貼り付けて、ランチョンマットを入れたエコバッグを引っかけています。

ディッシュスタンド
↓

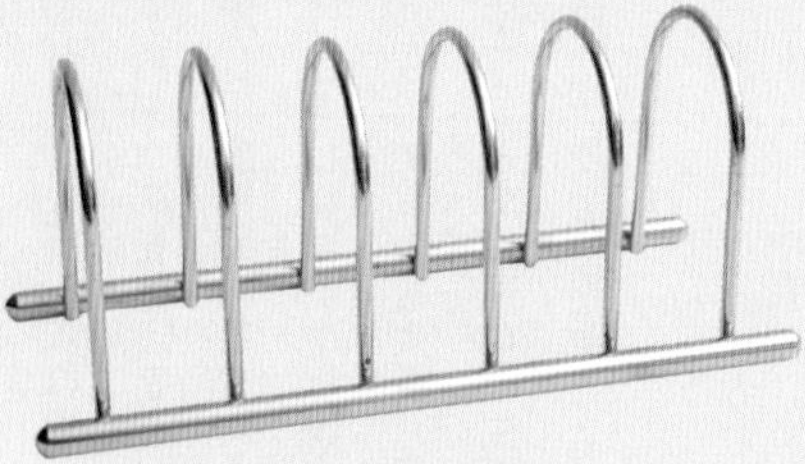

大きさやフォルムが異なるお皿は、重ねずに立てて収納。高さを利用することで省スペースなうえ、機能性もアップ。

コの字ラック

食器棚の中にIKEAのラックを置いて、上下2段分の収納を確保。収納スペースはそのままに、収納量を増やしました。

S字フック

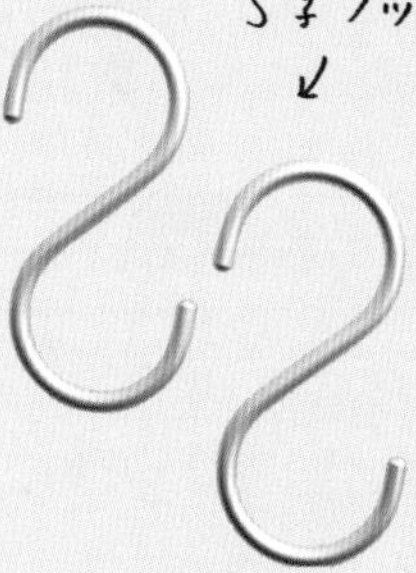

壁面に設置したポールにかければ、場所を取らない収納のできあがり。よく使うキッチンツール収納などにもおすすめ。

突っぱり棒

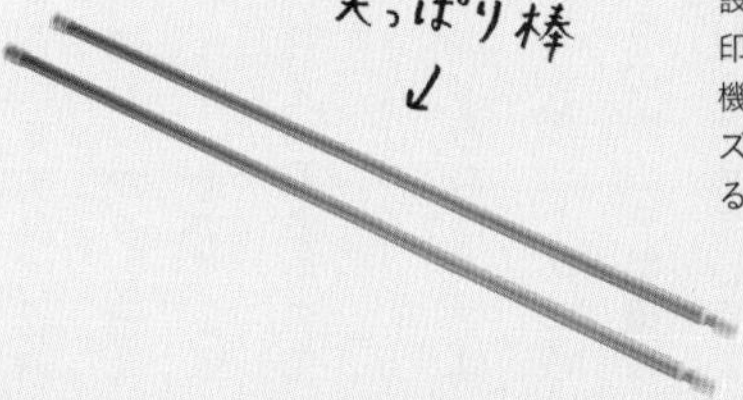

設置も取り外しも簡単な無印良品の突っぱり棒は、臨機応変に使える便利グッズ。位置も自由に変えられるのがうれしい。

USEFUL GOODS - 6 | CABINET

# 収納家具

将来の使い勝手もみすえてしっかり選びたい、大容量の収納家具

どんなものでもそうですが、収納家具に関しては特にしっかりと考えて選ぶ必要があると思います。なぜなら、簡単に買い替えられるものではないからです。

私が収納家具を選ぶときは、やはり「誰が使うのか」「誰のための収納か」「何をしまうのか」を明確にして、サイズや素材を決めていきます。そして「長く使えるかどうか」も確認。たとえ子ども部屋でも、子どもの頃だけ使う家具という考えはせず、成長に対応できる家具を選び

シェルフ
無印良品のシェルフには、文具や書類、そして子どもグッズまで、ダイニングで使うものをすべて集約。

ます。
家具はインテリアとしても大きな役割を果たしてくれるので、家族が好きなスタイルに合わせたデザインということも大切。我が家の家具はほとんどが家族会議で決定したものなので、みんなが快適に過ごせる大好きな空間になりました。

## テレビボード

ACTUS で購入したテレビボード。AV機器のほか、家族みんながリビングで使う生活雑貨などを収納。

## 2段チェスト

洗面所の小物類は洗面台の下にちょうど入るチェストに。脚付きなので下に体重計もすっきり収まります。

# ためない暮らしを始める前に

ここまで私の生活をとおした
暮らしのヒントを紹介しましたが、
この方法がすべての方に当てはまるわけではありません。
家族構成、生活スタイル、間取り、暮らしの優先順位
などによって、人それぞれ正解が違います。
そこで、多くの方がつまずきがちなポイントをおさえながら、
これまでの生活を振り返ってみましょう。
自分にとってどんな暮らしが快適なのか、
なぜうまくいかないのかをきちんと知ることが、
ためない暮らしの第一歩になります。

*POINT-1*

# 片づけの目的を見失わない

―

片づけたのになぜか気持ちがモヤモヤする、なんとなくしっくりこない……。そういう場合は片づける目的が曖昧なまま取り組んでいる可能性があります。たとえば、自分はすっきりとした空間を目指して片づけても、家族にとっては使いにくい収納で、また散らかった部屋に逆戻りということも。重要なのは「誰のために片づけるのか」ということです。自分のためと誰かのために行なう片づけとでは、その方法も手順も選ぶものも変わってきます。だからこそまずは目的を明確にし、見失わないようにすることが大切です。

*POINT-2*

# 「○○だからここに置く」など固定観念を捨ててみる

—

私たちの頭の中には「こうあるべき」という固定観念が植えつけられていて、ときに物事を空回りさせてしまうことがあるように思います。たとえば、「服は必ずクローゼットにしまうべき」「家電は必ず箱にしまうべき」という固定観念は逆に生活のじゃまになる場合も。いつも上着を脱ぐ場所・置く場所がリビングなら、そこに収納場所をつくればよく、箱がスペースを取るなら、箱から出して収納すればよいのです。「固定観念を持たないこと」が収納のアイデアにつながり、片づけをスムーズにしてくれることもあります。

*POINT-3*

## ひとりでがんばり過ぎない。家族にも手伝ってもらう

—

私が仕事で出会った多くの方は、私と同じ主婦であり、母親です。みなさんの収納の悩みや生活のことをうかがうと、その多くが「ひとりで片づけをがんばっている」という印象でした。でも、家は家族みんなで生活する場所。「家の空間づくり」をゲームにたとえるなら、有利なのは絶対的にチーム戦です。家族の声を聞き、お互いの考えを話し合いながらつくり上げていく空間こそが、家族みんなが快適に過ごせる家になるのではないでしょうか。快適な空間をつくるのは誰かひとりではなく、家族全員です。

POINT-4

# 正解はひとつではない。自分にとってベストな方法を見つける

—

私が片づけに悩むみなさんに伝えたい、一番大切なことは「正解はいつも自分の中にある」ということです。どんなにプロフェッショナルなアドバイザーが「日々の片づけはこうするべき」と言ってそのマネをしたとしても、自分自身がストレスを感じたり、続けることが難しいものであれば、それは自分にとってベストな方法ではないはずです。どんなことでもそのままマネするのではなく、参考程度に捉えて、自分が心地よいと思える空間や、性格に合った片づけ法を見つけて取り入れることがとても大事です。

POINT-5

# 自分と家族は
# 考え方も違うことを理解する

—

「自分と家族は同じ屋根の下に暮らしていても考え方はそれぞれ違う」というのは理解しているようで忘れがちな部分です。片づけを進めるとき、これを忘れてしまうとお互いにストレスを持ったり、言い争いが起こったりしてうまくいかない場合も。どんなテイストが好きか、どんな収納ならば継続して片づけができるかは人それぞれです。大人と子どもでは考え方が違い、適した収納方法も違います。自分だけのスペース、家族共有、自分以外のスペースはしっかりと分け、相手を尊重する考え方を常に持ちたいものです。

*POINT-6*

# 必要なものがわかると不用品を見極められる

—

片づけは自分にとって不必要なものを取り除く、「整理」という作業からスタートするのが基本です。これをやらずに、あふれたものに合わせて収納グッズを購入してしまうと、不要なもののために片づけの時間やスペースを取られてしまいます。「整理」は本人にしかできない作業です。人によってものの価値観は違い、ただの石ころでもそれを不要と感じるか、宝物と感じるかは人それぞれ。だからこそ、一人ひとりがしっかりとものと向き合い、今の自分にとって何が必要で、何が不要かを厳選していくことが大切です。

*POINT-7*

# 理想を求め過ぎず、小さなことから始めてみる

—

素敵な収納ブログや収納本を見ると片づけに対するモチベーションは上がりますよね。ですが、それと同時に知らず知らずのうちに自分でつくり出してしまうのが「高いハードル」です。そのハードルは「一気に片づけなければ」「片づけられない自分はダメなんだ……」という負の気持ちも生み出してしまうので要注意。片づけにかけられる時間や理想の暮らしは人によって違うので、自分自身と向き合い、ストレスなく越えられるハードル設定をすることが大切です。一日に引き出しひとつでもＯＫ。続けていれば必ず片づきます。

# 4つのタイプでわかる
# ためない暮らしのすすめ方

快適な部屋をキープするには、自分の性格や生活に向いた方法だと無理なく続けられます。

自分がどのタイプか診断して、できることから始めてみましょう。

また、家族も一緒にやってみて、本人に合ったやり方を見つけるのもおすすめです。

*Let's Try!*

次ページのA〜Dの項目で、自分に当てはまるものにチェックをしてください。一番チェックの数が多いものがあなたのタイプです。P190〜193のタイプ別診断とアドバイスを参考にしてください。

# A

- □ テレビで特集される「ビフォア・アフター」を見るのが好き
- □ 片づけるなら短時間ですべて終わらせるのが理想
- □ モデルルームのような空間に憧れている
- □ ミニマリストになりたいと思う気持ちがある
- □ 収納本を見て「我が家とは違う」と落ち込むことがある

# B

- □ 自分の時間を持てずに一日が終わることがよくある
- □ 待ち合わせに5分以上遅れてしまうことがよくある
- □ 外出先で忘れ物に気づくことが多い
- □ 一日1回は家の中で探し物をしている
- □ 一日のスケジュールは特に意識しない

## C

- □ 必要のないものでも
いただきものは受け取ってしまう
- □ 無料で何かもらえると
得した気分になる
- □ どんな空間が理想か
すぐには言えない
- □ 「まあいいか」でものを
購入することがある
- □ 1年間着ていない洋服が
10着以上ある

## D

- □ 洋服の好みが
コロコロ変わりやすい
- □ 流行物には
手を出したくなる
- □ 情報番組を
見るのが好き
- □ 占いを信じ過ぎてしまう
ときがある
- □ 収納本を
10冊以上持っている

自分のタイプがわかったら、次のページへ。

# *A* type

## 理想を求めて
## どんどんハードルが上がるタイプ

素敵な収納本やテレビのビフォア・アフターなどの影響を受けやすく、理想の空間に対してのハードル設定が高いタイプ。「一気に片づけたい！」と思う完璧主義の傾向もありますが、実際は思うようにいかず理想と現実のギャップに落ち込みやすいという一面も。

アドバイス　理想の空間を明確にするのは大切ですが、いきなり全部を片づけようとするとうまくいきません。時間をかけてものと向き合い、無理せずできることを考えましょう。小さなコーナーからでもよいので、自分に合う方法で続けることが理想への近道です。

# B type

## 日々の家事に追われて後回しにするタイプ

毎日やることが多く、一日のタイムスケジュールが組み立てられなくて、片づけまで手が回らない傾向にあります。「手が空いたらやろう」「明日はやろう」と思いつつ、忙しくてやれないことにストレスを感じてしまうのもこのタイプの特徴です。

アドバイス　まずは自分の一日のスケジュールを書き出してみましょう。一日の流れを見直すと、何に時間がかかり、片づける時間がないのか原因が明確になります。数分でもすき間時間を見つけたら、引き出し一段でもいいので少しずつ片づけを始めてみましょう。

## C type

# 優柔不断で不要なものがどんどんたまるタイプ

ものを捨てるのが苦手、人からのもらいものを断るのも苦手など、自分で決められず家の中にものがたまるタイプ。また、「買ったときは高かった」「いつか使うかもしれない」など、「今」必要じゃなくてももったいなくて手放せないのもこのタイプです。

アドバイス　まずはものに対しての意識を変えることから始めましょう。「ものは捨てることがもったいない」のではなく「使わないことが一番もったいない」のです。その意識を持つようにすると、自分にとって必要なものかどうか判断でき、片づけやすくなります。

# D type

## 情報に振り回されて何が自分に合うか判断できないタイプ

流行や情報に敏感で好奇心旺盛ですが、その反面、情報に振り回されやすい傾向があります。飽きっぽいところもあり、片づけに関しても、あれもこれもと試してみても自分に合った方法がわからず、結局散らかったままで終わってしまうことが多いタイプです。

アドバイス　情報を鵜呑みにせず、まずは「自分に合った片づけ方」を見つけましょう。コツコツ片づけるタイプか、一気に進めたいタイプなのか、一日の中で片づけに使える時間は少ないのか多いのかなどをじっくり考え、自分が継続できそうなことから始めましょう。

# おわりに

「〝持たない・ためない〟というテーマで本を書いてみませんか」とお話をいただいたとき、私はすぐに「ものはたくさん持っているので、このテーマには向いていないのでは」とお返事しました。ですが「もののことを言っているのではなく、梶ヶ谷さんの暮らしの中で、持たない・ためないようにしている〝何か〟があるからこそ、家族みんなが快適な生活を送れているのではないでしょうか」という言葉をいただき、本の制作と同時に、あらためて今までの生活に向き合ってみました。

すると不思議なことに、私は無意識のうちに生活の中で「ためない工夫」を考え、実践していることに気づきました。私がこの本で紹介した「ためない暮らしのヒント」は、本当にちょっとしたことです。ですが普通の毎日の中にふと笑顔になれる瞬間があるように、どんな方の暮らしの中にも、きっと「ためない」につながる小さなヒントがあると思います。家事・育児・仕事に忙しい日々の中で、この本が何かひとつでも「ためない暮らし」を考える、そのヒントを見つけるきっかけになってくれたら、私はとても嬉しく思います。そしてそのヒントが、みなさんの暮らしを快適にし、笑顔につながることを心から願っています。

最後に、この本の制作に関わってくださった方々、いつも応援してくださるみなさん、日々の暮らしの中で笑顔につながる大きなヒントをくれる大切な家族、そしてこの本を手に取ってくださったあなたに心からの感謝を込めて。

２０１７年3月　梶ヶ谷陽子

# 文庫版あとがき

２０１７年3月、この本を出版させていただきました。

この本は、毎日を心地よく笑顔で過ごすため、私自身が「もたない・ためない」ようにしていることやそのために実践している「小さな工夫」を書かせていただいた本でした。

この本に書いたことは、４年経った今でも実践していることばかりです。

趣味のバス釣りだけは全く行けていないというのが現状ではありますが……。

今読み返して思うこと、それは「今だからこそ、この本に書いていたことを大切にしていきたい」ということです。

２０１９年12月。世界は一変しました。

新型コロナウイルスの発生・感染拡大により普通の毎日が普通ではなくなりました。安易に外に出られなくなり、学校も休校となり、家で過ごす時間が増えました。

そうなった時、この本のテーマである「もたない・ためない」ということが家族や私の暮らしを大きく左右するものだと実感しました。

学校に行けなくなった子ども達、そして育児・家事・仕事のバランスが崩れてしまった私、当然お互いストレスはたまります。でも、「小さな工夫」を実践することで、お互いストレスをためず笑顔で過ごすことができると思いました。

コロナ禍が続く中、やはり「ストレスをもたない・ためない」ということが私は一番重要だと感じています。この本を「ストレスをもたない・ためない」ヒントに少しでもお役立ていただけたら私はとても嬉しく思います。

皆さんのお家時間が心地よく快適でありますように、そしてまた大好きな家族や友人にマスクなしで会える日が1日でも早く訪れますように。

そんなことを願いながら、「小さな工夫で毎日が気持ちいい、ためない暮らし」をこれからも実践していきたいと思います。

２０２１年８月　梶ヶ谷陽子

本書は、『小さな工夫で毎日が気持ちいい、ためない暮らし』（2017年3月／小社刊）を再編集し、文庫化したものです。

## 梶ヶ谷陽子 YOKO KAJIGAYA

Bloom Your Smile 代表。

2013年10月より整理収納アドバイザーとしての活動を本格的に開始。

Ameba公式ブログ「整理収納レシピ。」が話題を呼び、2015年6月よりトップブロガーに。

2019年10月には、Ameba公式ブログが「現代社会における生の情報を記録する資料として、それらを保存し、後世に伝える意義は大きい」として、国立国会図書館のインターネット資料収集保存事業（WARP）に保存される。

2020年には、トヨタホームとの「カジトヨ収納プロジェクト」にて間取りや収納を1軒丸ごとプロデュース。

日本テレビ「ヒルナンデス！」などテレビ番組出演ほか、講座・講演・トークショー・書籍執筆・商品開発・企業研修講師などマルチに活躍。

**Bloom Your Smile HP** | http://bloomyoursmile.jp/
**Blog「整理収納レシピ。」** | http://ameblo.jp/yoko-bys/
**Instagram ID** | @carry_storage
**Youtube** | https://www.youtube.com/channel/UCiCUs6mnVwqCbsHblmHFllw/

※本書でご紹介したものはすべて著者の私物です。
現在は手に入らない商品もありますのでご了承ください。
※本書の内容は発売当時（2017年3月）のものです。

## STAFF

撮影
└ 有賀 傑
清永 洋（P16、17、148、149）
梶ヶ谷陽子（P138～147）

アートディレクション
└ 川村哲司（atmosphere ltd.）

デザイン
└ 陰山真実（atmosphere ltd.）

イラスト
└ 松尾ミユキ

編集
└ 守屋かおる、八木由喜子

マイナビ文庫

# 小さな工夫で毎日が気持ちいい、ためない暮らし

2021年8月20日　初版第1刷発行

著　者　　　梶ヶ谷陽子
発行者　　　滝口直樹
発行所　　　株式会社マイナビ出版
〒101-0003 東京都千代田区一ツ橋2-6-3 一ツ橋ビル2F
TEL 0480-38-6872（注文専用ダイヤル）
TEL 03-3556-2731（販売）／TEL 03-3556-2735（編集）
E-mail pc-books@mynavi.jp
URL https://book.mynavi.jp

カバーデザイン　米谷テツヤ（PASS）
DTP　木下雄介（株式会社マイナビ出版）
印刷・製本　図書印刷株式会社


ISBN978-4-8399-7710-8
Printed in Japan